INHALT

EINFÜHRUNG
9

DIE BEDEUTUNG DER KARTEN
11

DIE GROSSE ARKANA
12

DIE KLEINE ARKANA
24

SILVESTER
53

LEGETECHNIKEN
54

SPREADS MIT DREI KARTEN
55

SPREADS MIT ZWEI KARTEN
61

JOURNAL
63

RAUHNÄCHTE
84

WAS SIND RAUHNÄCHTE UND WARUM SIND SIE BESONDERS?
85

RITUALE UND FRAGESTELLUNGEN FÜR DIE RAUHNÄCHTE
89

JOURNAL
97

ÜBERSICHT KARTENBEDEUTUNG
122

IMPRESSUM
125

EINFÜHRUNG

Als ich im Winter 2021 bei Laura Malina Seiler, dem deutschen Superstar für Spiritualität und Persönlichkeitsentwicklung, zu Gast war und über die Tarotkarten in Verbindung mit den Rauhnächten sprechen durfte, habe ich gespürt, dass immer mehr Menschen wie gebannt sind von der magischen Zeit des Jahreswechsels. Es war so ein schönes Gefühl, in der dunkelsten und kältesten Zeit des Jahres mit so vielen hunderten von Menschen verbunden zu sein, die alle mehr über sich, ihr Innerstes und ihre Beweggründe im Leben erfahren wollten. Ich habe so viele Fragen wie noch nie zuvor zur Astrologie, dem Tarot und den Ritualen zu den jeweiligen Nächten bekommen und vor allem dazu, wie man all diese verschiedenen Themen miteinander verbinden könnte. So eine schöne Entwicklung!

Die Zeit zwischen Dezember und Januar ist auch in meiner Arbeit als Astrologin und Tarotexpertin schon immer die gefragteste, was mir jedes Jahr aufs Neue verdeutlicht, dass wir Menschen, egal, ob wir Silvester, den Rauhnächten, Weihnachten oder dem Winter generell etwas abgewinnen können oder nicht, immer wieder fasziniert und stark beeinflusst sind durch diese Zeit des Jahres.

Ich selbst zelebriere die Rauhnächte seit einigen Jahren, immer nach Gefühl und so, wie es mir Freude macht. Aber Tarotkarten, Wünsche aufzuschreiben und Zeit zum Reflektieren gehören stets dazu. Ich spüre immer wieder, wie gut es mir und auch meinen Freund*innen, Klient*innen und sogar meinen Kindern tut, in dieser Zeit langsamer, aufmerksamer und in gewisser Weise auch mit Absicht mystischer zu werden. Das hat gar nichts mit Hexerei oder Aberglauben zu tun, sondern ist eine fast schon natürliche Reaktion auf die Veränderung der Jahreszeiten und den Fakt, dass wir Menschen es lieben, uns auf Neues vorzubereiten und es zu feiern. Es kann uns außerdem Sicherheit und Verankerung geben, wenn wir uns bewusst machen, wie das Vergangene mit etwas Abstand auf uns wirkt und was wir uns für die Zukunft wünschen.

Ich freue mich deshalb umso mehr, dass auch du dich mit dem Tarot und dem Schreiben beschäftigen möchtest. In Zeiten des Überkonsums, auch im spirituellen Bereich, ist dir dieses Journal hoffentlich eine Unterstützung und ein fokussierender Kompass auf deinem Weg, nicht nur eine Karte nach der anderen zu ziehen, sondern auch festzuhalten, was du über dich selbst und dein Leben erfahren möchtest. Ich wünsche dir Erkenntnisse, Aha-Momente, ganz viel Zeit zum Ausruhen und In-dir-Ruhen und außerdem eine riesige Portion Spaß – ob du nun nur für dich in allen Rauhnächten oder gemeinsam mit deinen Liebsten in der Silvesternacht die Karten legst und Impulse festhältst. Ich lade dich ein, in dieser Zeit noch bewusster und achtsamer für das zu werden, das dir wirklich wichtig ist und in den letzten zwölf Monaten eventuell zu kurz kam. Hier soll es einmal nur um dich und die Begegnung mit dir selbst (und vielleicht deinen besten Freund*innen oder deiner Familie) gehen. Genieße die Zeit, von Herzen alles Liebe.

Deine Verena

DIE BEDEUTUNG
DER KARTEN

DIE GROSSE ARKANA

✦ DER NARR ✦

NEUANFANG, KINDLICHKEIT, LEICHTIGKEIT

Der Narr ist die allererste Karte im Tarot, aber sie steht im Grunde sogar für den Moment kurz bevor die eigentliche Reise beginnt. Deshalb trägt der Narr auch die Ziffer Null und nicht die Eins. Wir stehen zu Hause, unbedarft und vorfreudig, mit gepackten Koffern und bereit zum Aufbruch, hinter der noch geschlossenen Tür und wissen gar nicht, wohin uns unsere Reise überhaupt führen wird. Deshalb freue dich auf alles, was da in Zukunft auf dich wartet, mach dich auf den Weg und genieße die Planlosigkeit und Risikofreude, die jeden Teil davon noch schöner macht.

✦ DER MAGIER ✦

FÜLLE, MACHT, KREATION

Jetzt geht's los, die Reise beginnt nun wirklich. Mit dem Magier, der Karte Nummer Eins im Tarot, sollst du daran erinnert werden, dass alles möglich ist, weil du selbst es bist, die/der die richtigen Werkzeuge dafür in der Hand hält. Mit einer riesigen Portion Glauben an dich und das Leben, dem Bewusstsein über deine eigene Kraft und deine Stärken und der nötigen Verantwortungsbereitschaft, die es braucht, um Großes zu erreichen, bist du jetzt bereit für alles, was die kommende Zeit für dich bereithält.

✦ DIE HOHEPRIESTERIN ✦

INTUITION, INNERE WEISHEIT, UNTERBEWUSSTSEIN

Werde ruhiger und besinne dich auf das, was deine innere Stimme dir vielleicht schon lange versucht, mitzuteilen. Mit der Hohepriesterin geht es für dich darum, alles dich Umgebende ganz still werden zu lassen, während du selbst, deine Gefühle und dein Herz ganz laut werden. Egal, welche Frage du dir aktuell stellst oder welche Herausforderungen dir begegnen: Kann es sein, dass du eigentlich schon ganz genau weißt, wie du am besten damit umgehen möchtest? Vertrau dir und tu jetzt genau das, was sich richtig anfühlt.

✦ DIE HERRSCHERIN ✦

WEIBLICHKEIT, SINNLICHKEIT, FLOW

Manchmal ist es im Leben so, dass man am meisten erreicht, wenn man mal ein bisschen wilder, genussvoller, kreativer und leichter wird. Nicht jeder Sieg muss hart erkämpft werden und nein, nicht immer ist es so, dass die genauesten Pläne und diszipliniertesten, ehrgeizigsten Vorhaben den größten Erfolg versprechen. Mit der Herrscherin kann es für dich jetzt darum gehen, viel mehr Spaß zu haben, das Leben mit allen Sinnen zu genießen, dich zurückzulehnen und einfach mal zu schauen, was so passieren kann, wenn du los- und dich treiben lässt.

✦ DER HERRSCHER ✦

MÄNNLICHKEIT, EIGENVERANTWORTUNG, STRUKTUR

Jetzt wird es höchste Zeit, Verantwortung zu übernehmen, denn vielleicht kam genau das schon lange viel zu kurz. Der Herrscher erinnert dich daran, jetzt mal richtig Vollgas zu geben, für deine Bedürfnisse einzustehen, Grenzen zu ziehen, diese auf keinen Fall (weiterhin) übertreten zu lassen und genaue Pläne für deine Zukunft zu machen. Mit Disziplin und einer rigoros durchgesetzten Ordnung erreichst du jetzt vielleicht am meisten. Keine Zeit mehr also, sich in der zweiten Reihe zu verstecken.

✦ DER HIEROPHANT ✦

LEHRE UND LERNEN, GESELLSCHAFTLICHE STRUKTUREN, WEITERENTWICKLUNG

Der Hierophant ist eine Art Lehrmeister, der deinen Horizont erweitern möchte. Mit dieser Karte kann es also Sinn ergeben, Neues zu lernen, Altes damit zu verbinden, dich inspirieren zu lassen und vielleicht sogar zu erkennen, dass auch du die Fähigkeit hast, andere Leben besser zu machen. Schau dir das Weltgeschehen genau an, finde Parallelen zu deinem eigenen Leben, erkenne Zusammenhänge, lerne über die Dinge, die dir wichtig erscheinen, fühl dich verbunden und verändere deine Perspektive!

✦ DIE LIEBENDEN ✦

PARTNERSCHAFT, ENTSCHEIDUNG, DUALITÄT

All you need is love! Was genau ist Liebe eigentlich? Empfindest du sie dir selbst gegenüber oder spürst du sie vor allem in Beziehung mit anderen? Besteht sie aus Erwartungen und Idealen oder ist sie bedingungslos? Suchst du sie oder trägt du sie schon lange mit dir herum? Wenn du zu diesen Fragen Antworten findest, hast du schon viel über dich und die Liebe gelernt. Diese Karte erinnert uns daran, dass Liebe viel mehr mit uns selbst zu tun hat als mit dem Disneyideal, das wir so oft draußen in der Welt suchen. Also triff eine Entscheidung, geh raus in die Welt und verliebe dich ins Leben.

✦ DER WAGEN ✦

TATKRAFT, ERFOLG, BEWEGUNG

Der Streitwagen war in alten Zeiten das Gefährt, das uns sicher durch die Schlacht geführt hat. Heute erobern wir die Welt vom Schreibtisch oder vom Handy aus. Doch auch jedes noch so kluge, technische, kleine Helferlein kann es uns nicht abnehmen, wirklich aktiv zu werden und für das loszuziehen, was uns wichtig ist. Genau das ist deshalb die Botschaft des Wagens: Denk ein bisschen weniger und mach dafür ein bisschen mehr. Und wer weiß, vielleicht ist dein Wagen ja ein Himmelbett, von dem aus sich jede Schlacht alles andere als unangenehm anfühlt.

✦ DIE KRAFT ✦

STÄRKE, MUT, SELBSTVERTRAUEN

Die dunkelsten Nächte und größten Herausforderungen in unserem Leben erfordern vor allem eines: ganz viel Kraft. Wie stark wir wirklich sind, merken wir deshalb auch ganz besonders dann, wenn es schwierig wird. Die Kraft möchte dir beiseite stehen, dich daran erinnern, was du bisher alles schon geschafft hast und dir Selbstvertrauen mit auf den weiteren Weg geben. Es besteht kein Zweifel, dass du auch aktuelle oder zukünftige Schwierigkeiten überstehen wirst, egal, wie schwer es sich auch anfühlen mag.

✦ DER EREMIT ✦

RÜCKZUG, INNENSCHAU, ABGESCHIEDENHEIT

Kennst du das Gefühl, nach einer wilden, lauten Nacht endlich nach Hause zu kommen und ins Bett fallen zu können? Alles wird ganz still, plötzlich fällt dir auf, wie sehr die Füße pulsieren vom vielen Tanzen und die laute Geräuschkulisse weicht einem angenehmen Rauschen der Stille. Schön, oder? Genau das möchte der Eremit dir schenken, indem er dich an Rückzug und Abgeschiedenheit erinnert. Manchmal hören wir halt erst so richtig hin, wenn es endlich still um uns herum ist. Dann macht das Feiern im Anschluss auch wieder viel mehr Spaß.

DAS RAD DES ✦ SCHICKSALS ✦

ZYKLEN DES LEBENS, KONTROLLLOSIGKEIT, HINGABE

Alles geht vorbei, nichts bleibt für immer. Das kann genauso herzzerreißend wie tröstlich sein. Deswegen bedenke: Wo auch immer du gerade stehst, egal, wie schön oder schrecklich es dir vorkommen mag: Es geht vorbei. Das Rad des Schicksals ist deshalb eine so schöne Erinnerung daran, alles mitzunehmen, alles auszukosten, alles zu fühlen, so lange wir können. Und das gilt für das Negative ebenso wie für das Positive. Mach also das Beste aus diesem Moment, gib dich dem Leben hin und gib die Kontrolle ab.

✦ DIE GERECHTIGKEIT ✦

BLICK VON AUSSEN, FAIRNESS, VERANTWORTUNG

Jetzt aber mal schnell rauszoomen! Vielleicht siehst du schon den Wald vor lauter Bäumen nicht mehr, weil du emotional, körperlich, mental oder finanziell so dermaßen in etwas drinhängst. Das Beste kann nun sein, dich zu distanzieren und dir damit zu ermöglichen, vielleicht einen ganz neuen Blick auf das zu bekommen, was dich aktuell beschäftigt. Dann ist es auch viel einfacher, faire Lösungen zu finden, Verantwortung für dich und andere zu übernehmen und Entscheidungen zu treffen, die dir sonst fast unmöglich erscheinen.

✦ DER GEHÄNGTE ✦

PERSPEKTIVWECHSEL, ENTSPANNUNG, AKZEPTANZ

Was zuerst unbequem und anstrengend anmuten mag, ist in Wirklichkeit ein großes Geschenk. Auch, wenn der Gehängte kopfüber an einem Baum hängt (klar, es ist sicher eine schönere Vorstellung, sich einfach gegen den kräftigen Stamm zu lehnen), hat er eine richtig gute Zeit. Der Kopf wird plötzlich ganz klar, die Gedanken werden frei, die Perspektive steht wortwörtlich auf dem Kopf, und alles ergibt auf einmal aus einem ganz anderen Blickwinkel Sinn. Und genau das ist es, was dir gerade guttun könnte. Also ab auf den nächsten Baum!

✦ DER TOD ✦

LOSLASSEN, ENDE, ABSCHIED

Sie ist eine der gefürchtetsten Karten im Tarot, dabei geht es bei ihr nicht einmal um den körperlichen Tod, den wir alle irgendwann sterben müssen. Nein, bei dieser Karte geht es vielmehr um Sterbeprozesse deiner Umgebung, deiner bisherigen Entscheidungen und deiner Persönlichkeit. Klar, das kann auch ganz schön schmerzhaft und beängstigend sein, aber im Grunde genommen sind diese Abschieds- und Transformationsmomente wahnsinnig wichtig für deinen weiteren Lebensweg und ermöglichen es dir, wirklich erfüllt und glücklich zu sein.

✦ DIE MÄSSIGKEIT ✦

GEDULD, ABWÄGEN, BALANCE

Der Weg ist das Ziel, deshalb geht es bei der Mäßigkeit auch nie darum, genau zu wissen, was am Ende herauskommt, sondern vielmehr darum, die Zeit zu genießen, bis du irgendwann sowieso genau dort landest, wo du hingehörst. Guck dir deshalb mal die beiden Becher auf der Karte ganz genau an. Ohne, dass wir etwas tun müssten, schwappt das Wasser von einem zum anderen und verteilt sich genau so, dass es zum Schluss passt. Lehn dich deshalb ruhig ein bisschen zurück, beobachte das Treiben und entspann dich, bevor du eine Entscheidung triffst.

✦ DER TEUFEL ✦

ABHÄNGIGKEIT, SUCHT, VERSUCHUNG

Wir wollen alle immer so gern frei sein, aber mit dem Teufel kommen wir vielleicht dahinter, was uns eigentlich wirklich blockiert und einsperrt. Oft sind es nämlich gar nicht die Dinge, die wir typischerweise verdächtigen (bestimmte Personen, Situationen oder Erlebnisse aus der Vergangenheit zum Beispiel). Sieh jetzt genau hin, beobachte deine täglichen Routinen, Dinge, ohne die du vermeintlich nicht leben kannst und nähere dich Stück für Stück den Bereichen, die du tatsächlich verbessern kannst.

✦ DER TURM ✦

ZERSTÖRUNG, KRISE, TOTALE VERÄNDERUNG

Wie auch beim Tod ist die vermutlich sehr schmerzhafte Veränderung, die der Turm anstößt, wichtig und elementar für deinen Lebensweg und deine gesamte Entwicklung. Was auch immer dir gerade begegnet, welche Herausforderungen dir auch das Leben schwer machen mögen, sei dir gewiss: Hier fällt nur weg, was ohnehin nicht mehr brauchbar oder wertvoll war. Schmerzliche Erfahrungen, unangenehme Überraschungen, große Verluste und unerwarteter Herzschmerz gehören genauso dazu wie all die schönen Dinge. Halt durch, bald geht die Sonne wieder auf.

✦ DER STERN ✦

LICHT AM ENDE DES TUNNELS, HEILUNG, DANKBARKEIT

Kennst du das Sprichwort »Die Nacht ist am dunkelsten, bevor die Sonne aufgeht«? Daran möchte dich der Stern erinnern. Er verspricht ein fettes Pflaster auf jeder noch so schmerzhaften Wunde und versorgt dich mit Licht und Liebe. Vielleicht ist jetzt ein guter Zeitpunkt, um zu erkennen, was du bis hierher eigentlich alles schon überstanden hast, wie stark du bist und wie stolz du auf dich und deinen Umgang mit schwierigen Situationen sein kannst. Wofür bist du dankbar und wie kann dich das dabei unterstützen, Schwierigkeiten zu überstehen?

✦ DER MOND ✦

INTUITION, WILDHEIT, UNTERBEWUSSTSEIN

Inmitten der Nacht leuchtet der Mond auf alles, was wir sonst in der Dunkelheit nicht sehen könnten. Unterbewusstes wird sicht- und spürbar und bahnt sich seinen Weg an die Oberfläche. Hör deshalb jetzt genau hin, was dir deine innere Stimme und dein Bauchgefühl sagen wollen, nimm deine Träume besonders ernst und steh zu allen Facetten, die dich wirklich ausmachen. Unterbewusstes ist oft wild, beängstigend und unberechenbar, aber es lässt uns intensiver leben, wenn wir ernst nehmen, was da in uns schlummert.

✦ DIE SONNE ✦

FREUDE, KINDLICHKEIT, VITALITÄT

Weißt du noch, was du am liebsten getan hast, was du unbedingt werden wolltest und wer dir am meisten bedeutet hat, als du klein warst? Die Sonne kommt immer dann zu dir, wenn es darum geht, wieder das Kind zu sein, das du einmal warst. Vielleicht warst du viel mutiger, eventuell hast du viel öfter gesagt, was du wirklich meintest oder du hast dir einfach deutlich weniger Sorgen gemacht. Besinne dich heute darauf zurück, lerne von der kleinen, weisen Person, die du einmal warst und genieße die Freude, die das auslösen wird.

✦ DAS GERICHT ✦

EHRLICHKEIT, BEWUSSTSEIN, URTEIL

Gar nicht so einfach, sich selbst gegenüber immer ehrlich zu sein. Noch schwieriger wird es dann aber vor anderen. Wenn du jetzt allerdings über deinen Schatten springen, dich authentisch zeigen und offene Worte finden kannst, wirst du auf jeden Fall belohnt werden. Werde dir auf bestimmte, aber liebevolle Weise bewusst, was du wirklich willst und wer du sein möchtest, und steh dazu. Die Klarheit, die du dadurch gewinnst, wird vieles einfacher und sinnerfüllter machen.

✦ DIE WELT ✦

VOLLENDUNG, HARMONIE, INTEGRATION

Etwas nähert sich jetzt dem Ende, womöglich sogar einem Happy End. Achte in deinem Leben darauf, was abgeschlossen werden kann und warum dafür vielleicht genau jetzt der richtige Zeitpunkt ist. Blicke zurück, sei stolz auf alles, was du bis hierhin erreicht hast, nimm aber ebenso ernst, was immer noch unerledigt vor sich hin schläft und dringend deine Aufmerksamkeit benötigt. Es wird Zeit, dass du erkennst, was gut läuft, worüber du jetzt sehr glücklich und wie stolz du auf alles sein kannst, was du bis hierhin geschafft hast.

DIE KLEINE ARKANA

✦ ASS DER STÄBE ✦

NEUBEGINN, ENERGIE, MOTIVATION

Der Kopf bekommt jetzt mal eine kleine Auszeit, denn mit dem Ass der Stäbe ist Denken definitiv nicht Priorität Nummer Eins. Es geht hier vielmehr darum, etwas zu erleben, auszuprobieren und zu handeln um (endlich) vorwärtszukommen. Dir wird eine Chance geboten, die du vielleicht noch gar nicht als solche erkannt hast. Aber sie ist da. Du musst nur noch danach greifen, all deinen Mut zusammennehmen und auf dich und diese Möglichkeit vertrauen.

✦ ZWEI DER STÄBE ✦

ENTSCHEIDUNG, RÜCKBLICK, VORBEREITUNG

Bei den Stäben geht es zwar immer darum, mit Kraft und Energie für etwas loszuziehen (Element Feuer halt), aber mit den Zwei der Stäbe machen wir doch nochmal eine kleine Rast, bevor es so richtig abgeht und wir nicht mehr wissen, wo eigentlich oben und unten ist. Insbesondere dann, wenn alles stressig ist, du schnelle Entscheidungen treffen sollst oder gerade einfach viel ansteht, ist es jetzt wichtig, noch einmal innezuhalten, dir bewusst zu werden, was jede Entscheidung nun für Konsequenzen haben kann und ob es wirklich das ist, was du möchtest.

✦ DREI DER STÄBE ✦

LANGFRISTIGE ZIELE, BLICK IN DIE ZUKUNFT, ERWEITERUNG

Bei dieser Karte geht es nicht darum, kleine Ziele zu formulieren und sich damit zufrieden zu geben. Nein, du bist jetzt dazu eingeladen, einen weiten Blick in die Zukunft zu wagen, mit Selbstvertrauen im Herzen an deinen großen Träumen zu arbeiten und daran zu glauben, dass da noch viel, viel mehr geht. Stell dir doch heute vielleicht mal die Frage, was du gerne wirklich tun möchtest und wie dein Leben in fünf oder sogar zehn Jahren aussehen soll. Unterstützt dich das, was du aktuell tust, dabei? Wenn nicht, wird's Zeit, etwas zu verändern.

✦ VIER DER STÄBE ✦

AUSZEIT, BELOHNUNG, HEIMKEHR

Mit den vier Stäben geht es für dich darum, dir jetzt eine Auszeit zu gönnen. Warum nimmst du nicht heute einmal den Tag frei, verbringst Zeit mit deinen Liebsten, legst dich in die Sonne oder auch einfach ins Bett, um deine Gedanken frei herumfliegen zu lassen? Diese Karte möchte dich daran erinnern, dass es wichtig ist, sich ab und an auch einmal zu belohnen für all die Dinge, die man jeden Tag so meistert. Mach es dir deswegen so schön es nur irgendwie geht, genieße dein Zuhause, mach es vielleicht sogar noch ein bisschen gemütlicher dort und entspanne dich.

✦ FÜNF DER STÄBE ✦

STREITIGKEIT, KONFLIKT, NEID

Was so aussieht wie eine Karriereleiter ist in Wirklichkeit eventuell ein großes Hindernis in deinem Leben. Werde jetzt einmal ganz aufmerksam und überprüfe, wer oder was dir wohlgesinnt ist und wer oder was hingegen eher für Sorgenfalten auf der Stirn sorgt. Unfaires Verhalten solltest du jetzt nicht in Kauf nehmen, nur um vermeintlich erfolgreicher zu sein oder es angenehmer zu haben. Andersherum gilt das aber auch. Deshalb werde jetzt auch sehr achtsam in Bezug auf dein eigenes Verhalten.

✦ SECHS DER STÄBE ✦

ERFOLG, ANERKENNUNG, WERTSCHÄTZUNG

Es kommt zusammen, was zusammengehört. So eine schöne Karte mit einer durchweg positiven Nachricht für dich. Nimm dir Zeit, um zu erkennen, wie viel Schönheit dich umgibt, wie vieles von den Dingen, die dir früher so wichtig waren, du schon erreicht oder überstanden hast und wie viel es eigentlich aktuell zu feiern gibt. Vor allem dann, wenn es dir nicht so vorkommt, ist die Sechs der Stäbe eine liebevolle Erinnerung daran, dass es gar nicht so schlecht läuft, wie du dir manchmal erzählst. Sei lieb zu dir und feiere, was ist!

✦ SIEBEN DER STÄBE ✦

VERTEIDIGUNG, SELBSTBEWUSSTSEIN, FÜR SICH SELBST EINSTEHEN

Hoch dein Schild zur Selbstverteidigung! Manchmal ist es sinnvoll, klein beizugeben, Kompromisse einzugehen oder sogar einfach still zu sein. Diesmal aber nicht! Die Sieben der Stäbe kommt zu dir, um dich daran zu erinnern, dass manche Dinge es wert sind, ausgefochten zu werden, und vielleicht ist jetzt genau der richtige Zeitpunkt dafür. Vielleicht schafft das sogar den längerfristigen Frieden und macht dich selbstbewusster und sicherer.

✦ ACHT DER STÄBE ✦

TATKRAFT, VOLLGAS, ENERGIESCHUB

Volle Kraft voraus, Kopf aus, Schuhe an! Beweg dich und handle schnell. Alles, was du in der nächsten Zeit tust, solltest du am besten schnell entscheiden, schnell durchsetzen oder auch schnell beenden. Aufs Tempo und die Richtung kommt es jetzt an. Die Acht der Stäbe impliziert, dass du eventuell schon viel zu lange auf Zeichen und Wunder gesetzt hast und dass es jetzt an der Zeit ist, wirklich aktiv zu werden. Worauf wartest du also noch?

✦ NEUN DER STÄBE ✦

GRENZEN, AUSDAUER, ERMÜDUNG

Wer weiß, vielleicht hast du dich in der letzten Zeit etwas zu sehr verausgabt und kommst langsam, aber sicher an deine Grenzen. Vielleicht ist es auch die Angst vor genau diesem Zustand, die dich zurückhält und gar nicht erst anfangen lässt. Die Neun der Stäbe konfrontiert dich auf jeden Fall mit deinen Grenzen und möchte dir heute deutlich machen, dass du diese bald erreichen könntest, wenn du nicht besser haushaltest, was deine Zeit, Energie und Aktivitäten angeht.

✦ ZEHN DER STÄBE ✦

SCHWERE, VERPFLICHTUNG, BURNOUT

Die Zehn der Stäbe wird in vielen Kreisen nicht umsonst die »Burnout-Karte« genannt. Achte jetzt deshalb ganz genau darauf, ob dir bestimmte Dinge oder Situationen zu viel werden könnten oder es sogar schon längst sind. Durchhalten ergibt nur Sinn, wenn es sich erstens für die Sache lohnt und solange du es zweitens überhaupt körperlich und seelisch durchhalten KANNST. Pass gut auf dich auf, nimm dein Bauchgefühl und deine Ressourcen ernst und überdenke gegebenenfalls, wofür du dich so aufopferst.

✦ PAGE DER STÄBE ✦

ABENTEUER, WILDHEIT, ENTDECKUNGEN

Der Vorhang öffnet sich und da steht er nun, der Page der Stäbe. Eine neue, wilde Reise kann nun für dich anstehen. Sei deshalb so neugierig, offen, unbefangen und optimistisch, wie es nur irgendwie geht. Am Ende wirst du dann sicherlich belohnt mit neuen Geschichten im Gepäck, einer veränderten Sicht auf dein Leben und die Welt und einer gehörigen Portion Flexibilität, die deinen Alltag erleichtert. Nimm dir was vor, geh unter Leute und erzähle von deinen Ideen. Wer weiß, wer darauf schon gewartet hat?!

✦ RITTER DER STÄBE ✦

MUT, IMPULSIVITÄT, UNBERECHENBARKEIT

Der Ritter der Stäbe mag am königlichen Hofe zwar die Befehle von Königin und König befolgen, aber auch er ist eine Autoritätsperson und hat eine starke Befehlsgewalt. Dieser Ritter setzt Dinge durch und setzt sie um, oft rigoros und sehr stur, aber mit seinem enormen Mut und seiner Schnelligkeit erntet er viel Respekt. Daran kannst du dir jetzt ein Beispiel nehmen: Nimm die Dinge in die Hand! Auch wenn du vermutlich nicht alles frei und allein entscheiden kannst, hast du doch mehr Macht, als du denkst.

✦ KÖNIGIN DER STÄBE ✦

WEIBLICHKEIT, LEIDENSCHAFT, SPASS

Die typische Umsetzungskraft der Stäbe wird bei dieser Karte zu einem leidenschaftlichen, sinnlichen Feuer, das sich vor allem um die Freude und den Genuss dreht. Die Königin erobert uns mit der Erinnerung an ein Leben, das nicht nur aus harter Arbeit, zähen Verpflichtungen und anstrengenden Terminen besteht. Nein, wir können etwas erreichen und erfolgreich sein und dennoch glücklich, unbeschwert und wild. Nimm dir heute Zeit für etwas, das dein Herz hüpfen lässt und entdecke selbst, wie viel leichter dann selbst die schweren Dinge werden.

✦ KÖNIG DER STÄBE ✦

ENTSCHEIDUNGSFREUDE, FÜHRUNG, INSPIRATION

Die letzte Karte der Stabreihe ist im wahrsten Sinne des Wortes die Krönung aller Stäbe. Mit diesem König geht es in deinem Leben jetzt vielleicht darum, maximale Verantwortung für dich und dein Tun zu übernehmen. Mach dich stark für andere, mach dich sogar noch stärker für dich selbst, triff große, wichtige Entscheidungen, führe, delegiere oder finde jemanden (eine Art Mentor*in) vielleicht, der/die dich dahingehend inspirieren und unterstützen kann.

✦ ASS DER KELCHE ✦

NEUBEGINN, EMOTIONALE FÜLLE, RESET

Das Ass der Kelche ermutigt dich dazu, Platz für Neues zu schaffen, indem du Altes loslässt. Du kannst nun eine erfüllende, emotionale Reise beginnen, indem du dir darüber bewusst wirst, welche Art von Menschen und Gefühlen du dir in deinem Leben wünschst und was du selbst dazu beitragen kannst. Öffne dich deshalb unbedingt für neue Beziehungen und Erfahrungen und vertrau darauf, dass all das gut wird. Die Angst vor Enttäuschungen sollte dich jetzt auf keinen Fall zurückhalten.

✦ ZWEI DER KELCHE ✦

VERBINDUNG, LIEBE, ZUSAMMENGEHÖRIGKEITS-GEFÜHL

Diese Karte symbolisiert eine intensive Zeit in deiner Partnerschaft oder in anderen wichtigen zwischenmenschlichen Beziehungen. Dazu bedarf es allerdings Offenheit, Ehrlichkeit, Wertschätzung, Respekt, Liebe und gemeinsam investierte Arbeit. Wo stehst du, wo steht ihr aktuell? Vielleicht ist es an der Zeit, den Fokus wieder vermehrt auf diesen zwischenmenschlichen Bereich deines Lebens zu richten, dann nämlich erwarten dich möglicherweise verbindende und emotional erfüllende Zeiten.

✦ DREI DER KELCHE ✦

FEIER, NETZWERKE, FREUNDSCHAFTLICHE GRUPPEN

Diese Karte signalisiert, dass es Zeit zum Feiern ist, juhu! Entweder hast du etwas Großartiges erreicht oder stehst kurz davor. Es ist eine Zeit der Freude und des Ausgelassenseins. Verbinde dich deshalb mit anderen, feiert gemeinsam eure Erfolge und das Leben selbst. Schätze die Menschen, die mit dir an wichtigen Projekten arbeiten und halte ebenso Ausschau nach neuen Verbindungen. Wer weiß, welche Gelegenheiten da auf dich warten, wenn du nur bereit bist, dich für andere zu öffnen und zu erkennen, welche Geschenke dich umgeben.

✦ VIER DER KELCHE ✦

GENERVTHEIT, LUSTLOSIGKEIT, ABKEHR

Wenn du dich in letzter Zeit von deinem Umfeld zurückgezogen hast, ist es jetzt an der Zeit, wieder Kontakte zu knüpfen und dich zu öffnen. Durch Isolation, in welcher Form auch immer, umgehen wir nicht nur schlechte Erfahrungen, sondern verpassen auch alles Gute. Öffne deshalb all deine Türen und Fenster, um die Welt wieder hereinzulassen. Wer weiß, was sie für dich bereithält?! Du wirst klarer sehen, wenn Innen- und Außenwelt wieder näher zusammenrücken, ganz bestimmt.

✦ FÜNF DER KELCHE ✦

TRAUER, REUE, HOFFNUNG

Diese Karte erscheint, um dich auf einen Verlust oder Mangel aufmerksam zu machen. Wenn du etwas oder jemanden verloren hast oder mit einer anderen Enttäuschung kämpfst, lenke deinen Fokus nun weg von der Vergangenheit (wenn du das Gefühl hast, du hast alles verarbeitet) und konzentriere dich auf das, was du noch ändern kannst. Erst wenn du nichts mehr umgestalten kannst, ist es wirklich verloren. Lass aber los, was tatsächlich nicht mehr zu ändern ist, vergib dir selbst, und weiter geht's.

✦ SECHS DER KELCHE ✦

NOSTALGIE, INNERES KIND, WURZELN

Mit den Sechs der Kelche möchte die Vergangenheit in Kontakt zu dir treten, um dich an dein Fundament zu erinnern. Nutze sie als Wegweiser für deine Zukunft und ziehe Stärke daraus. Halte den Kontakt zu deinem inneren Kind aufrecht und kümmere dich heute und in nächster Zeit gut um seine Bedürfnisse. Du bist durch all deine Erfahrungen zu dem Menschen geworden, der du heute bist. Das ist es allemal wert, Achtung vor dir selbst und deinen Erfahrungen zu haben.

✦ SIEBEN DER KELCHE ✦

MÖGLICHKEITEN, TAGTRÄUME, UNENTSCHLOSSENHEIT

Du hast jetzt vielleicht unzählige Möglichkeiten, die dir eine schöne Zukunft ermöglichen könnten. Es ist allerdings wichtig, dass du dich nicht in Tagträumen verlierst und dir bewusst machst, welche Träume dich wirklich glücklich machen und was jetzt Priorität haben sollte. Du kannst nicht alles auf einmal haben, also wähle einen Traum aus und verfolge ihn mit voller Kraft. Keine Sorge, später öffnen sich auch wieder andere Türen und du hast genug Zeit und Aufmerksamkeit, um dich auch um alles andere zu kümmern, was dir Freude macht.

✦ ACHT DER KELCHE ✦

STAGNATION, LOSLASSEN, ENTSCHEIDUNG

Diese Karte ermutigt dich, Altes loszulassen, um Platz für Neues zu schaffen. Befreie dich von dem, was dich zurückhält, und finde heraus, wo genau du feststeckst. Es könnte ein größeres Hindernis auf deinem Weg zum Glück geben, als du denkst. Frage dich deshalb heute, ob du dich dort, wo du gerade bist, wohlfühlst oder ob es etwas gibt, das dich stört, bremst oder dich andauernd unnötig viel Kraft kostet. Manchmal sind schmerzhafte Veränderungen besser als quälende Stagnation, vor allem wenn es keine Aussicht auf Besserung gibt. Triff eine Entscheidung!

✦ NEUN DER KELCHE ✦

WUNSCHERFÜLLUNG, INNERE RUHE, GLÜCK

Party hard! Du hast Grund zur Freude und kannst Gesundheit, Liebe und materielle Unabhängigkeit erreichen. Konzentriere dich jetzt auf die schönen und positiven Seiten des Lebens. Selbst, wenn du dich aktuell in schwierigen Zeiten befindest, erinnert dich diese Karte daran, nett zu dir selbst zu sein und nach Frieden und Zufriedenheit zu suchen. Sie sind da! Entspannung und Ausgeglichenheit sind entscheidend für ein erfülltes Leben, sei deshalb nun besonders lieb zu dir und erfreue dich an dem, was dich umgibt.

✦ ZEHN DER KELCHE ✦

ERFÜLLUNG, FAMILIE, SCHÖNSTE BEZIEHUNGEN

Liebe, Zuneigung, Verbundenheit, tiefe Gespräche, emotionale Sicherheit, Freude und Glückseligkeit möchten nun in dein Leben kommen. Die Zehn der Kelche läutet oft eine Zeit der Dankbarkeit ein, in der du erkennst, wie wundervoll deine Beziehungen sind. Verbringe deshalb Zeit mit Menschen, die dir guttun, pflege bestehende Bindungen und kümmere dich um dich selbst und dein Zuhause. Die Menschen, die du jetzt kennenlernst, bleiben wahrscheinlich für längere Zeit in deinem Leben. Genieße es!

✦ PAGE DER KELCHE ✦

ÜBERRASCHUNG, SENSIBILITÄT, SCHÜCHTERNHEIT

Wenn du dich in letzter Zeit zurückgezogen hast, ist es nun an der Zeit, wieder aus deinem Schneckenhaus herauszukommen. Betrachte diese Karte als Einladung, nach draußen zu gehen und dich vom Leben, und vielleicht sogar dir selbst, überraschen zu lassen. Überwinde deine Schüchternheit und sei nun offen für neue Möglichkeiten. Deine Sensibilität und Kreativität, die da in dir schlummern, können jetzt viel bewirken. Lass die Welt deine zarte Seite sehen und gib dich den Dingen hin, die dich wirklich begeistern – auch, wenn du Angst davor hast, was andere sagen könnten.

✦ RITTER DER KELCHE ✦

CHARME, KUNST, ROMANTIK

Der Ritter der Kelche fordert dich auf, dich auf eine gewisse Unverbindlichkeit in deinem Leben einzulassen. Kreativität und Hingabe entstehen durch Offenheit und das Riskieren und Annehmen von Unsicherheiten. Schau dir nur einmal die Welten der Kunst an und Musik an: Sie überraschen immer wieder und bieten dadurch neue Perspektiven. Vielleicht lebst du aktuell in einer nicht klar definierten Beziehung und hast große Verlustangst. Aber ist es wirklich immer notwendig, das Ziel zu kennen? Genieße den Weg so gut es geht, auch ohne Garantien.

✦ KÖNIGIN DER KELCHE ✦

MÜTTERLICHKEIT, THERAPIE, UNTERBEWUSSTSEIN

Die Königin der Kelche deutet darauf hin, dass du oder jemand in deinem Leben jetzt in der Lage ist, tief in dein Innerstes einzutauchen. Es könnte ratsam sein, Hilfe zu suchen und sich jemandem anzuvertrauen, der oder die dich verstehen kann. Vielleicht gibt es bereits eine Person in deinem Leben, der du dich öffnen kannst. Oder eventuell hast du selbst die Fähigkeit, andere zu verstehen und zu unterstützen, dann sei ihnen eine Stütze. Vertraue auf deine Intuition und führe dich selbst und andere, in dem du auf dein Herz hörst.

✦ KÖNIG DER KELCHE ✦

WEISHEIT, VÄTERLICHKEIT, DIPLOMATIE

Es ist Zeit für diplomatisches Handeln und einen objektiven Blick auf die Dinge. Mit Mitgefühl und Güte kannst du anderen und dir selbst nun besonders stark helfen. In nächster Zeit geht es in deinem Leben vielleicht besonders um ruhige, empathische und intuitive Führung und Verantwortung. Dieser König erinnert dich daran, dass Selbstachtung und Selbstvertrauen durch innere Weisheit, Ruhe und Objektivität gestärkt werden können. Vielleicht gibt es auch eine Vaterfigur oder einen Mentor in deinem Leben, von dem du genau das lernen kannst?

✦ ASS DER SCHWERTER ✦

NEUBEGINN, IDEEN, KLARHEIT

Diese Karte symbolisiert einen Durchbruch oder einen Gedankenblitz, der alles verändern kann. Sei jetzt deshalb ganz besonders offen für Momente, in denen banale Dinge dich zu Großem motivieren. Du wirst Klarheit und Sicherheit gewinnen und deine Erkenntnisse deutlicher kommunizieren können. Dinge werden plötzlich Sinn ergeben und du wirst das Gefühl haben, auf dem richtigen Weg zu sein. Genieße dieses neue Lebensgefühl und vertraue auf deine Ideen und Geistesblitze.

✦ ZWEI DER SCHWERTER ✦

BLINDHEIT, VERDRÄNGUNG, ANGST

Fühl dich nicht länger gefesselt und hilflos. Öffne deine Augen und befreie deine Hände, um vorwärtszukommen. Es mag bequem sein, die Wahrheit zu ignorieren, aber sie wird nicht verschwinden. Sei mutig und akzeptiere das, was sich jetzt oder vielleicht auch schon seit längerer Zeit in deinem Leben bemerkbar macht, auch wenn es sehr unangenehm ist. Nur so kannst du weiterkommen und dich weiterentwickeln. Am Ende wirst du dich befreiter und glücklicher fühlen.

✦ DREI DER SCHWERTER ✦

HERZSCHMERZ, TRAUER, WUT

Diese Karte warnt dich vor möglichen Verletzungen in Form von Streit, Trennung oder schmerzhaften Worten. Es ist wichtig, aufmerksam zu sein und dein Verhalten anderen gegenüber zu überprüfen und auch die Handlungen anderer liebevoll, aber ehrlich in Augenschein zu nehmen. Klärende Gespräche und das Loslassen von schmerzhaften Dingen können helfen. In manchen Fällen ist es auch besser, sich voneinander zu entfernen, wenn Verletzungen immer wieder auftreten und keine Lösungen gefunden werden können.

✦ VIER DER SCHWERTER ✦

ERSCHÖPFUNG, RUHE, HEILUNG

Die Vier der Schwerter kann auf Überanstrengung hindeuten und erinnert dich deshalb daran, auf dich zu achten. Stress, Streitigkeiten und körperliche Beschwerden können Anzeichen dafür sein, dass es zu viel geworden ist. Es ist nun wichtig, dich gut um sich selbst zu kümmern und zu überprüfen, ob dich dein Lebensstil wirklich glücklich macht. Phasen mit viel Stress sind vollkommen okay, aber sie sollten nicht zur Gewohnheit werden, um negative Auswirkungen auf Körper und Psyche zu vermeiden. Nimm dir Zeit für dich selbst!

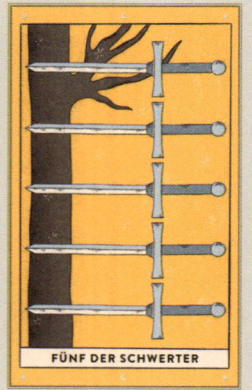

✦ FÜNF DER SCHWERTER ✦

SELBSTSABOTAGE, KONFLIKT, SCHEIN

Wie sieht es in deinem Leben aktuell aus, was Kontrolle angeht? Wo fühlst du dich kontrolliert? Wo kontrollierst du andere? Es ist jetzt wichtig, die Motivation und den Antrieb hinter deinen Handlungen zu hinterfragen. Agierst du aus Liebe oder aus Angst? Handlungen aus Liebe fühlen sich leicht und positiv an, während solche aus Angst – wie Konkurrenzdenken, Streitlust und Rechthaberei – Druck und Stress verursachen. Es kann dir helfen, dich jetzt ganz besonders auf ehrliche und liebevolle Gesten zu konzentrieren und auch im Umgang mit anderen darauf zu achten, dass du dich respektiert und wertgeschätzt fühlst.

✦ SECHS DER SCHWERTER ✦

RESIGNATION, VERZWEIFLUNG, HOFFNUNG

Manchmal verlieren wir in stressigen Zeiten den Überblick und kommen uns verloren vor. Doch auch, wenn wir uns erschöpft fühlen oder den Glauben verlieren, existieren unser inneres Licht und unsere Intuition nach wie vor. Manchmal sind diese Momente sogar wichtig, um wieder Kontakt zu unserem Bauchgefühl aufzunehmen. Vertraue darauf, dass du auf dem richtigen Weg bist, auch wenn du ihn gerade nicht sehen kannst. Gib nicht auf und gehe weiter, denn du bist genau dort, wo du sein sollst.

✦ SIEBEN DER SCHWERTER ✦

SELBSTSCHUTZ, GEHEIMNIS, ZURÜCKHALTUNG

Ist es nicht schön, komplett offen gegenüber anderen zu sein und das Gefühl zu haben, dein Herz ungefiltert ausschütten zu können? Na klar! Manchmal ist es allerdings besser, nicht alles mit anderen zu teilen und vorsichtig zu sein, wem wir unser Vertrauen schenken. Es kann nun besonders wichtig sein, deine eigenen Grenzen zu respektieren und dich selbst nicht zu überfordern, indem du dir dort Luft machst, wo es eigentlich mehr Distanz bräuchte. Dich selbst zu schützen heißt nicht, dass du unehrlich sein musst. Achte einfach ein bisschen darauf, wem du wo, wann und warum Zugang zu deinem Innersten gestattest.

✦ ACHT DER SCHWERTER ✦

ENGE, SELBSTSABOTAGE, OPFERHALTUNG

Du bist stark genug, um deine eigenen Entscheidungen zu treffen und dein Glück zu finden. Lass dich deshalb nicht zu sehr von den Meinungen anderer beeinflussen und achte auf deine Grenzen. Du bist nicht das Opfer deiner Umstände, sondern hast die Macht, dein Leben in die Hand zu nehmen und positive Veränderungen herbeizuführen. Auch, wenn es momentan schwierig ist, bleibe nicht in der Opferrolle stecken, sondern nutze die Herausforderungen als Chancen, um zu wachsen und dich weiterzuentwickeln.

✦ NEUN DER SCHWERTER ✦

ALPTRÄUME, ANGSTZUSTÄNDE, ANGST

So schön es auch ist, über unseren Verstand, unsere Gedanken und Ideen zu verfügen, so oft können sie uns leider auch bremsen, einschüchtern oder sogar in Angst und Schrecken versetzen. Große Denkfähigkeit hat auch ihre Schattenseiten. Lass dich also aktuell nicht zu sehr auf Gedankenexperimente ein und vertraue lieber etwas mehr deiner Intuition. Denn sie malt auch in schwierigen Situationen niemals Schreckgespenster, sondern führt dich mit Vertrauen und Ruhe. Also, was sagt dir deine Intuition gerade?

✦ ZEHN DER SCHWERTER ✦

SICH GESCHLAGEN GEBEN, SCHEITERN, LOSLASSEN

Manchmal ist es besser, den Kampf aufzugeben und Frieden zu schließen, auch wenn es dir schwerfällt. Aber Aufgeben muss keine Schwäche sein, sondern kann dir große Erleichterung bringen und so manches Leid endlich beenden. Es ist wichtig, dir jetzt Zeit zum Heilen zu nehmen und dir selbst zu erlauben, loszulassen. Manche Kämpfe sind nicht lebensentscheidend, sondern Alltagskämpfe, die uns unbemerkt belasten. Gerade diese kannst du jetzt getrost aufgeben. Und denke daran: Jedes Scheitern ist wertvoll und gehört zum Leben dazu.

✦ PAGE DER SCHWERTER ✦

NEUGIER, KINDLICH-KLUGER VERSTAND, ENERGIE

Wenn diese Karte zu dir kommt, wirst du aufgefordert, deine üblichen Denkmuster loszulassen und dich intuitiv und neugierig auf neue Dinge einzulassen. Vielleicht hast du das Gefühl, dass du nur auf eine bestimmte Art und Weise erfolgreich sein kannst oder dass du anderen folgen musst. Aber du hast viel mehr Möglichkeiten, als du denkst, und du darfst deine Vorhaben leichtfüßig und spielerisch angehen. Hermine aus Harry Potter könnte dir diesbezüglich jetzt ein positives Beispiel sein.

✦ RITTER DER SCHWERTER ✦

ZIELSTREBIGKEIT, REBELLION, SELBSTSICHERHEIT

Diese Karte symbolisiert Bestimmtheit, Energie und Tempo. Wenn sie zu dir kommt, übernimm die Kontrolle, sei selbstbewusst und setze dich für das ein, was dir ganz besonders wichtig ist. Es könnte eine Phase des Aufbruchs beginnen, in der du alles schnell erledigen möchtest. Das ist okay und gut so. Sei aktiv, füge deiner To-do-Liste Dinge hinzu, die dich begeistern, und vertrete deine Meinung leidenschaftlich. Die Meinung anderer ist in diesem Moment nebensächlich. Glaube an dich und sei überzeugt, dass alle davon profitieren können, wenn du für dich und deine Ideen einstehst.

✦ KÖNIGIN DER SCHWERTER ✦

KLARHEIT, BEOBACHTUNGSGABE, WAHRHEIT

Diese Karte steht für Klarheit, Führung und eine erhöhte Wahrnehmung. Sie ermöglicht es dir, Zusammenhänge zu erkennen und die Gültigkeit bestimmter Aussagen zu hinterfragen. Du könntest jetzt eine allgemeine Wahrheit erkennen oder dich deinem wahren Wesen näher fühlen. Sei selbstbewusst und nutze deine Fähigkeiten zur Beobachtung und Interpretation, um richtig zu handeln. Du hast eine starke Intuition, die dir wichtiger ist als wechselnde Gefühle. Nimm dir Zeit, um die Dinge aus einer übergeordneten Perspektive zu betrachten und agiere mit Klarheit.

✦ KÖNIG DER SCHWERTER ✦

ANALYSE, MORAL, KONTROLLE

Du wirst jetzt dazu aufgerufen, eine Führungspersönlichkeit zu sein, die fair, kommunikativ und weitsichtig handelt. Interessiere dich also verstärkt für die Bedürfnisse aller Beteiligten und unterscheide ganz genau, was dem großen Ganzen dient und was nur einzelnen Personen zugutekommt. Es ist außerdem wichtig, dass du auf dich selbst achtest und deine eigene Führung entwickelst. Möglicherweise übernimmst du nun eine große Verantwortung, triffst Entscheidungen oder bist für andere eine wichtige Stütze. Viel Erfolg dabei!

✦ ASS DER MÜNZEN ✦

NEUBEGINN, ERDUNG, FLORIERENDE ZUKUNFT

Es ist eine großartige Gelegenheit für einen frischen Start! Gerade auch in materiellen Dingen (dafür steht das Element Erde). Wenn du von inspirierenden Ideen umgeben bist oder eigene hast, solltest du ihnen nachgehen. Es könnte der Beginn einer erfolgreichen Reise sein. Überlege sorgfältig, was du in deinem Leben zum Erblühen bringen möchtest und sei bereit, Unterstützung von anderen anzunehmen, um dein Leben zu bereichern. Zusammen macht es viel mehr Freude, etwas Langanhaltendes aufzubauen.

✦ ZWEI DER MÜNZEN ✦

BALANCE, VERÄNDERUNG, ANPASSUNGSFÄHIGKEIT

In dieser Phase deines Lebens kann es entscheidend sein, ein Gleichgewicht zu finden. Statt noch mehr zu tun oder noch mehr zu wollen, solltest du dich auf das konzentrieren, was bereits vorhanden ist und sicherstellen, dass genau das gut funktioniert. Nutze diese Zeit, um Dinge zu optimieren, zu perfektionieren oder zu vertiefen, anstatt Neues anzufangen. Obwohl es verlockend sein kann, neue Möglichkeiten zu ergreifen, ist es ratsam, vorerst an dem Ort zu bleiben, an dem du dich gerade befindest, und ein tieferes Verständnis für die Dinge zu gewinnen.

✦ DREI DER MÜNZEN ✦

TEAMWORK, VIELFALT, VERBINDUNG

Du bist jetzt dazu aufgerufen, mit anderen zusammenzuarbeiten und gemeinsam Herausforderungen anzugehen. Es kann sein, dass du Unterstützung benötigst oder dich nach jemandem sehnst, der mit dir am gleichen Strang zieht. Partner, Freunde oder Kollegen können dir helfen, Energie, Ideen und Motivation zu finden. Zusammenarbeit kann allen zugutekommen, da jeder individuelle Fähigkeiten mitbringt. Also trau dich, nach Hilfe zu fragen und vertraue auf das, was ihr zusammen tut.

✦ VIER DER MÜNZEN ✦

FESTHALTEN, ANSPANNUNG, MANGELDENKEN

Du hast viel erreicht und kannst so stolz darauf sein! Lass doch die Angst vor dem Verlust los und genieße das Vollbrachte. Erlaube dir eine Pause und identifiziere dich nicht nur mit deinem Besitz, sondern auch mit deinem Sein. Das wahre Leben besteht aus mehr als nur materiellen Dingen. Lege den Fokus deshalb nicht nur auf das Anhäufen von Gegenständen oder das Sammeln von Erfahrungen. Wahres Glück und ein erfülltes Leben liegen in den kleinen Momenten des Genießens und des Seins.

✦ FÜNF DER MÜNZEN ✦

ALLEINSEIN, VERLUST, HILFE

Was wir im Leben erreichen, kann uns genommen werden, sei es durch unsere eigenen Fehler, die schlechte Behandlung durch andere oder einfach nur durch Pech. Manchmal fühlen sich unsere Ziele plötzlich falsch an und wir fühlen uns leer und entmutigt. Doch du bist nicht allein – diese Karte erinnert dich daran, dass schwierige Zeiten vorübergehen und Hilfe in Reichweite ist, sei es durch eine Wiederbelebung von Beziehungen oder den Rückgriff auf vertraute Aktivitäten. Nimm dir jetzt die Hilfe, die du brauchst.

✦ SECHS DER MÜNZEN ✦

GESCHENK, GROSSZÜGIGKEIT, GEBEN UND NEHMEN

In dieser Zeit des Gebens und Nehmens solltest du die Schönheit des Lebens bejahen und unbedingt mit anderen teilen. Genieße Überraschungen, wertvolle Momente und tiefe Verbindungen. Gib anderen kostbare Zeit, Energie und Geschenke, was immer sich gerade gut anfühlt. Es kann so schön sein, zu geben, einfach nur des Gebens wegen, und diese bedingungslose Liebe auch von anderen zu erfahren, oder? Wie kannst du also deinen Teil dazu beitragen?

✦ SIEBEN DER MÜNZEN ✦

UNZUFRIEDENHEIT, UNGEDULD, ABSTAND

Manchmal können wir den Wert der Dinge, die uns langweilen oder unzufrieden machen, nicht sofort erkennen. Deshalb ist es jetzt wichtig, keine vorschnellen Entscheidungen zu treffen, die wir später bereuen könnten. Nicht alles, was glänzt, ist auch wirklich wertvoll. Und nicht alles, was matt erscheint, ist in Wahrheit wertlos. Es ist ratsam, dass du jetzt etwas Abstand gewinnst, um klarer denken zu können und Entscheidungen zu treffen, die langfristig gut für dich sind. Vielleicht siehst du dann bald schon alles in einem anderen Licht.

✦ ACHT DER MÜNZEN ✦

WEITERENTWICKLUNG, MEISTERSCHAFT, KÖNNEN

Du hast vermutlich schon viel erreicht, aber noch mehr ist möglich. Konzentriere dich deshalb auf deine Aufgaben, arbeite hart, und du wirst ganz sicher belohnt werden. Es ist jetzt besonders sinnvoll, den Fokus auf Projekte zu legen, die du sowieso liebst. Hab Vertrauen in dich selbst und sei bereit, dich weiterzuentwickeln. Und bedenke: Fehler sind Teil des Lernprozesses, führen zum Erfolg und machen dich und die Dinge, an denen du arbeitest, am Ende noch besser.

✦ NEUN DER MÜNZEN ✦

BELOHNUNG, GENUSS, ERFOLG

Jetzt ist es an der Zeit, deine Erfolge zu feiern, deine Leistungen zu schätzen und für die Zukunft zu planen. Vertraue deshalb auf dich selbst und sei offen für neue Möglichkeiten. Du kannst diese Phase der Hoffnung und des Optimismus genießen und stolz auf das sein, was du bis hierhin erreicht hast. Du bist so kurz davor, richtig erfolgreich zu sein, wie aufregend! Bereite dich also auf neue Abenteuer vor, zelebriere das, was ist, und freue dich auf die nächsten Kapitel in deinem Leben.

✦ ZEHN DER MÜNZEN ✦

FÜLLE, VOLLENDUNG, FAMILIE UND FREUNDE

Wow, was für eine Karte. Da kommt richtig viel Gutes zusammen. Merkst du das in deinem Leben? Genieße deinen Reichtum: vielleicht in Form von beruflichem Erfolg, zwischenmenschlichen Beziehungen, einem finanziellen Segen? Feiere das und verbringe wertvolle Zeit mit deinen Liebsten. Es wird dir guttun, diese Phase der Fülle und des Ankommens ganz bewusst wertzuschätzen. Lass dich nicht von Mangelgedanken oder Selbstzweifeln abhalten. Das Leben ist viel zu schön, um sich immer nur zu sorgen und sich selbst in ruhigen Momenten den Kopf zu zerbrechen.

✦ PAGE DER MÜNZEN ✦

TALENT, UNERFAHRENHEIT, ZUVERLÄSSIGKEIT

Hey, warum nicht nochmal ganz neu anfangen? Manchmal fürchten wir uns davor, in bestimmten Bereichen von vorne zu beginnen, wenn wir bereits anderswo Profis geworden sind. Doch diese Angst sollte dich nicht davon abhalten, etwas Neues auszuprobieren. Der Anfängerstatus ermöglicht es dir, unvoreingenommen und mit frischer Perspektive an die Sache heranzugehen, was dir viel Freiheit schenken kann. Mit einer ordentlichen Portion Neugier und Offenheit im Gepäck kannst du jetzt nicht nur neue Wege auskundschaften, sondern mit Sicherheit außerdem ganz viel Neues über dich lernen.

✦ RITTER DER MÜNZEN ✦

PRODUKTIVITÄT, AMBITION, KONZENTRATION

Der Ritter der Münzen ist ein großartiges Vorbild für uns, da er ein erwachsener und zuverlässiger Mensch ist, der hart arbeitet, um seine Ziele zu erreichen. Wenn du jetzt also Verantwortungsbewusstsein, Zuverlässigkeit und Fokus zu deinen Qualitäten werden lässt, kannst du deine Träume wahr werden lassen. Es ist wichtig, dass du dir darüber klar wirst, welche Schritte du als nächstes gehen solltest. Natürlich sind immer auch Zeiten der Entspannung und des Spaßes gefragt, aber manchmal ist es wichtig, uns ausschließlich auf unsere Ziele zu konzentrieren.

✦ KÖNIGIN DER MÜNZEN ✦

FÜRSORGE, FÜLLE, VIELSEITIGKEIT

Diese Karte ermutigt dich, die Dinge in deinem Leben mehr in Einklang zu bringen und nach Erfolg in verschiedenen Lebensbereichen zu streben. Es geht mehr, als du vielleicht denkst, und ausschließendes Denken ist alles andere als dienlich. Erlaube dir, deine Bedürfnisse in unterschiedlichsten Bereichen deines Lebens zu verfolgen und nimm dir, was dir zusteht. Spiele mit der Vielfalt der Rollen, die du erfüllen kannst, und übernimm Verantwortung für dich und andere – wie eine echte Königin.

✦ KÖNIG DER MÜNZEN ✦

MACHT, GROSSZÜGIGKEIT, HILFSBEREITSCHAFT

Dies ist die allerletzte Karte im Tarot, also geht es hier um einen großen Moment des Abschlusses und der Erfüllung. Deshalb kann es jetzt sehr wichtig sein, dass du deinen Erfolg nicht nur für dich behältst, sondern auch mit anderen teilst. Ganz gleich, ob es sich um materielle Güter, Wissen oder Erfahrungen handelt, du hast die Möglichkeit, das Leben deiner Mitmenschen zu bereichern. Indem du deine Macht bewusst einsetzt, um anderen zu helfen, kannst du auch eigene Sinnkrisen verhindern und ein erfülltes Leben führen. Wir sind alle miteinander verbunden.

SILVESTER

LEGETECHNIKEN

Silvester ist solch eine besondere Zeit. Seit meiner Kindheit ist diese Nacht für mich so viel mehr als einfach nur der Wechsel der Jahreszahl. So geht es den meisten Menschen. Nicht umsonst beschäftigen wir uns seit jeher mit ausgewählten Ritualen, treffen uns in kleinen und großen Gruppen, nehmen uns außergewöhnliche Dinge vor, feiern bis spät in die Nacht und schreiben unsere Wünsche und Vorsätze auf. Und genau deshalb habe ich mich dazu entschieden, mit dir in diesem Journal nicht nur Legetechniken und Rituale für die Rauhnächte zu teilen, sondern dir auch spezielle Legesysteme und Fragen für die magischste und zweifellos am meisten zelebrierte Nacht des Jahres zur Verfügung zu stellen. Ich habe mit Absicht kleine, kurze Legemuster gewählt, die du nicht nur allein, sondern auch mit deinen Liebsten gemeinsam ausprobieren und eure Gedanken, Gefühle und Vorhaben anschließend in dieses Journal packen kannst. So habt ihr genug Zeit, miteinander Tarotkarten zu legen, sie gegenseitig zu deuten und auch noch andere schöne Dinge zum Jahreswechsel zu unternehmen. In meinem ersten Buch *Tarotkarten für Anfänger* findest du neben wunderschönen Tarotkarten und Erklärungen, Fragen und Tipps zu jeder Karte auch ausführlichere Legesysteme, wenn du gerne auch mal eine Stunde oder länger mit einer Legung verbringen magst oder vielleicht einfach komplexere Fragen stellen und beantwortet haben möchtest.

SPREADS MIT DREI KARTEN

Die folgenden Legesysteme, die ich dir vorstelle, fußen allesamt auf der gleichen Grundlage: immer drei Karten, immer drei Fragen, immer drei Impulse. Aus meiner eigenen Tarotpraxis und auch aus der Erfahrung mit meinen Klient*innen, die zu mir kommen, um Karten gelegt zu bekommen, weiß ich, dass dieses simple Dreiermuster besonders gut funktioniert. Warum das so ist, hat mehrere Gründe: Erstens bietet es uns Einfachheit und Struktur. Drei ist eine überschaubare Menge und ermöglicht eine klare Zuordnung von Informationen. Es ist also leichter für dich, deine individuelle Situation mithilfe der Tarotkarten zu verstehen und dich auf das Wesentliche zu konzentrieren. Gerade dann, wenn du das Gefühl hast, dem Leben besonders viele und komplexe Fragen stellen zu wollen, kann es hilfreich sein, jeden noch so komplizierten Umstand auf die Essenz herunterzubrechen und damit nicht nur klarere Antworten, sondern auch den Kern des Problems zu finden.

Die Drei und alle Dreiermuster werden von uns Menschen außerdem mit Harmonie und Gleichgewicht in Verbindung gebracht. Bespiele dazu gibt es in der Kunst (Dreiecksregel), in der Musik (Dreiklang) sowie in der Rhetorik (Dreiteilung der Argumentation), der Psychologie (Drei-Komponenten-Modell der Emotionen), der Mathematik (Dreisatz) und auch in religiösen Zusammenhängen (die heilige Dreifaltigkeit im Christentum zum Beispiel).

Auch die Aufteilung deiner Situation auf drei Fragen und Impulse im Tarot wird dir deshalb ganz bestimmt dabei helfen, einen roten Faden zu erkennen und dir am Ende deiner Legung ermöglichen, eine schlüssige, einfach verständliche und auch aktiv umsetzbare Geschichte erzählen zu können. Vielleicht braucht es am Anfang ein bisschen Übung und Erfahrung, aber mit der Zeit wirst du merken, dass du immer öfter auch auf eigene Dreierfragestellungen kommst und somit schöne und wertvolle Impulse zu jeder Situation erhalten kannst. Ich wünsche dir ganz viel Spaß.

Zuallererst mischst du deine Karten gut durch. Du kannst die Karten beim Mischen individuell auswählen, Karten herausfallen lassen oder auch vor dir ausbreiten und dann ganz nach Intuition auswählen. Es bleibt übrigens vollkommen dir überlassen, welches Kartenset du verwendest, wichtig ist nur, dass es dir gefällt und zu dir »spricht«. Jede Art von Anziehung, Gefallen und Interesse wird dir helfen, eine Bindung zu deinen Karten aufzubauen und dich besonders wohl und gesehen zu fühlen, wenn du eine Legung für dich oder andere machst. Für die folgenden Dreierlegesysteme kannst du entweder alle Karten auf einmal und direkt nacheinander ziehen oder jede Karte erst einmal für sich deuten und dich damit beschäftigen, bevor du zur nächsten wanderst. Beim Tarot geht es für mich vor allem um die Verbindung zu deinem eigenen Bauchgefühl und dem, was sich für dich stimmig anfühlt, also vertrau ganz darauf, was im jeweiligen Moment sinnvoll zu sein scheint. Das kann je nach Stimmung, Tageszeit oder Umgebung natürlich schwanken, deswegen nimm dir die Zeit, dich bei jeder Legung wieder und wieder bewusst zu fragen, was du gerade brauchst und möchtest. Du kannst nichts falsch machen.

Du legst die Karten am besten wie in der Grafik angeordnet von links nach rechts und stellst deine drei Fragen entweder bevor du anfängst, zu mischen, oder währenddessen.

KLASSISCHES SILVESTERSPREAD

Mit diesem ersten Spread möchte ich dir drei einfache Fragen an die Hand geben, die sich zum einen mit der Vergangenheit beschäftigen, aber auch mit den folgenden zwölf Monaten. Rückblick und Vorschau in einem also, um dir das Gefühl zu geben, alle Puzzleteile verbinden zu können.

1. Was ist abschließend zum vergangenen Jahr zu sagen? (Diese Frage kann dir dabei helfen, das alte Jahr gebührend zu verabschieden und dir noch einmal bewusst zu machen, was das wichtigste Takeaway aus den letzten zwölf Monaten ist. Das macht es einfacher, den Fokus für das neue Jahr zu finden.)

2. Worauf sollte ich im kommenden Jahr achten? (Wenn du dir die Karte zu dieser Frage zu Herzen nimmst, hast du einen wunderbaren Anker für alles, was bevorsteht.)
3. Was sollte ich im kommenden Jahr vermeiden? (Durch diesen Impuls kannst du achtsamer mit Dingen umgehen, die du eventuell noch verbessern möchtest.)

RÜCKBLICKENDES SILVESTERSPREAD

Bei den Fragen in diesem Spread geht es ausschließlich darum, zurückzublicken. Dies ist vor allem für diejenigen gut, die sagen würden: »Wow, im letzten Jahr war so viel los. Ich bin da noch gar nicht richtig drüber hinweg. Und dass jetzt schon das neue Jahr beginnt, ist mir eigentlich viel zu schnell.« Nimm dir doch deswegen gerne erst einmal Zeit für das rückblickende Silvesterspread, reflektiere und sortiere, was war, und dann kannst du immer noch und vielleicht sogar viel vorfreudiger in die Zukunft schauen.

1. Was war das Beste im vergangenen Jahr? (Zunächst richtest du mit dieser ersten Frage den Blick auf alles Positive. Das kann dabei helfen, selbst aus negativen Erfahrungen einen Sinn abzuleiten.)
2. Was lief nicht so gut im vergangenen Jahr? (Die Karte auf dieser Position ist vielleicht nicht unbedingt angenehm, kann dir aber einen Spiegel vorhalten und dich noch einmal an Dinge erinnern, die du ändern solltest. Dir zuliebe, deinen Beziehungen zuliebe, deiner Entwicklung zuliebe.)
3. Wozu dienen mir die Erfahrungen aus dem letzten Jahr? (Bei dieser Frage geht es darum, die Erlebnisse aus dem letzten in etwas Greifbares für das kommende Jahr zu verwandeln. Diese erste Karte macht es dir möglich, ein generelles Bild zu erhalten und daraus Erkenntnisse für alles Bevorstehende zu gewinnen.)

»BLICK IN DIE ZUKUNFT«-SILVESTERSPREAD

Mit diesem Legesystem kannst du perfekt nach vorne schauen. Hier findest du keine Fragen bezüglich des vergangenen Jahres, der Fokus liegt ausschließlich auf dem, was vor dir liegt. Perfekt, wenn du das Gefühl hast, du hast das letzte Jahr schon super verdaut und möchtest jetzt einfach nur noch auf ins Unbekannte.

1. Worum geht es für mich im neuen Jahr? (Eine schöne Frage, um einen ersten guten Gesamtüberblick zu bekommen. Diese Karte könntest du übrigens auch wunderbar als Karte des Jahres verwenden und dir irgendwo als Erinnerung aufstellen, hinkleben oder abfotografieren und auf deinem Handy aufbewahren.)
2. Welche Herausforderungen werde ich im neuen Jahr meistern müssen? (Zugegeben, es erfordert ein wenig Mut, diese Frage zu stellen, aber mit einem wachen, optimistischen Blick auf mögliche Schwierigkeiten bist du perfekt vorbereitet auf alles, was dich eventuell erwartet.)
3. Welche Chancen und Möglichkeiten werde ich bekommen? (Die Karte, die du beim Stellen dieser Frage ziehst, zeigt dir auf, worauf du unbedingt achten solltest bei allem, was du im bevorstehenden Jahr machst. Vielleicht nimmst du manche Gelegenheiten gar nicht als solche wahr, was doch schade wäre. Diese Karte soll deshalb deine Aufmerksamkeit schärfen und dich sensibilisieren für Chancen, die dein Leben verändern könnten.)

»DU UND ICH«-SILVESTERSPREAD

Egal, ob du frisch verliebt bist, auf der Suche nach einem neuen Partner/einer neuen Partnerin, schon ewig in einer glücklichen Beziehung oder immer noch mit dem Menschen zusammen, der dich eigentlich schon lange nicht mehr erfüllt: Dieses Legesystem soll ein bisschen Licht ins Dunkel bringen, was die Liebe und deine Beziehungen im neuen Jahr angeht.

1. Wie kann ich die Erfahrungen in der Liebe aus dem letzten Jahr für das neue Jahr nutzen?

2. Was kann ich tun, um die Beziehung zu mir selbst und damit zu meinem (potenziellen) Partner/zu meiner (potenziellen) Partnerin zu stärken?
3. Was brauche ich/was brauchen wir jetzt und im kommenden Jahr für eine gesunde und erfüllende Beziehung?

BFF-SILVESTERSPREAD

Mit diesem Legesystem möchte ich deine Freundschaften und andere wichtige, zwischenmenschliche Beziehungen in den Mittelpunkt rücken. Wir sind soziale Wesen, und es gibt so viele andere Formen der Liebe abgesehen von Partnerschaften, also schnapp dir deine Besties, und vielleicht schaut ihr sogar gemeinsam, was das neue Jahr für euch und eure Freundschaft bereithalten kann.

1. Was kann ich/was können wir im neuen Jahr tun, um meine/unsere bestehende(n) Freundschaft(en) zu vertiefen und zu stärken? (Hier geht es ganz klar darum, einen positiven, zielführenden Fokus für euch und alle zukünftigen Unternehmungen zu finden. Wenn ihr an einem Strang zieht und herausfindet, in welchen Bereichen ihr euch etwas Gutes tun könnt, kann eure Freundschaft nur noch schöner werden.)
2. Welche neuen Freundschaften oder welche neuen Aspekte in alten Freundschaften sind im neuen Jahr wichtig? (Die Karte, die du auf diese Frage ziehst, kann dir zeigen, wer oder was zusätzlich in dein und euer Leben kommen darf, um einen neuen, wichtigen Platz auszufüllen. Achte hier gerne auf mögliche Charaktereigenschaften, potenzielle Unternehmungen und Gefühle, die dir die Karte vermittelt. Der Narr würde zum Beispiel auf eine neue Person in deinem Leben hindeuten, die abenteuerlustig ist oder die du während einer Phase kennenlernst, in der du gar nicht genau weißt, wo es für dich hingeht. In einer bestehenden Freundschaft ginge es mit dem Narren vielleicht darum, etwas Überraschendes zu tun, weniger herumzusitzen, sondern aktiver miteinander zu sein oder ein gemeinsames Projekt zu starten, an das ihr bisher noch nicht so wirklich geglaubt habt.)

3. Welche Eigenschaften oder Verhaltensweisen sollte ich im neuen Jahr entwickeln oder überdenken, um eine harmonische und unterstützende Freundesgruppe aufzubauen? (Mit dieser Frage möchte ich dich an deine Eigenverantwortung und das Potenzial für schöne Freundschaften erinnern, wenn du an dir selbst arbeitest. Hiermit kannst du das Zepter in die Hand nehmen und Beziehungen schöner machen, indem du selbst aktiv wirst.)

BERUFLICHES SILVESTERSPREAD

Mit diesem Legesystem möchte ich dir die Möglichkeit geben, deinen Fokus für das neue Jahr ganz bewusst auf deinen Beruf, deine Karriere und mögliche Entscheidungen in diesem Bereich zu lenken. Vielleicht sitzt du an diesem Abend aber auch mit Kolleg*innen zusammen und ihr möchtet gemeinsam schauen, was eure Projekte und Jobs bereithalten?

1. Worauf sollte ich in diesem Jahr meinen beruflichen Fokus legen? (Ganz klar: Hier geht es um zielführende Handlungen und Verhaltensweisen, die dich voranbringen und dabei unterstützen, berufliche Erfüllung zu finden.)
2. Wovon sollte ich mich in den kommenden zwölf Monaten verabschieden, um beruflich bessere Entscheidungen treffen zu können? (Nimm die Aussage der Karte, die du für diese Frage ziehst, als Anhaltspunkt, um herauszufinden, welche Gedanken, Gefühle und Verhaltensweisen dich nun eventuell in deiner beruflichen Laufbahn nicht mehr weiterbringen.)
3. Wie kann ich im kommenden Jahr besonders gut mit beruflichen Herausforderungen umgehen? (Schwierig kann es immer werden, im Leben und im Beruf wird es niemals nur Aufwärtsbewegungen geben. Mit dieser Karte aber kannst du dem Ganzen etwas Positives abgewinnen und handlungsfähiger bleiben, wenn es mal anstrengend wird.)

SPREADS MIT ZWEI KARTEN

Die nächsten Legesysteme, die ich dir vorstellen möchte, sind sogar noch etwas kürzer als die, die du bisher kennengelernt hast. Gerade in großen Gruppen ergibt es Sinn, alles noch ein bisschen mehr herunterzubrechen, um in kürzerer Zeit konzentriertere Impulse zu bekommen. Aber auch, wenn du nur für dich und mit dir selbst die Karten legst, kann es in dieser besonderen Nacht hilfreich sein, den Fokus auf das Wesentliche zu richten und durch zwei Karten allein einen noch besseren Überblick darüber zu bekommen, was gerade wichtig ist. Auch, wenn du gerade erst anfängst mit Tarot und alles für dich noch ganz frisch und unbekannt ist, helfen dir die folgenden Zweiersysteme hoffentlich dabei, einen schönen, erkenntnisreichen und frischen Einblick in dich, dein Leben und deine Gefühle zu erhalten. Ganz viel Freude und Happy New Year!

Zuallererst mischst du deine Karten gut durch. Du kannst sie beim Mischen individuell auswählen, Karten herausfallen lassen oder auch vor dir ausbreiten und dann ganz nach Intuition auswählen. Für die folgenden Zweierlegesysteme kannst du entweder alle Karten auf einmal und direkt nacheinander ziehen oder jede Karte erst einmal für sich deuten und dich damit beschäftigen, bevor du zur nächsten Karte wanderst. Beim Tarot geht es für mich vor allem um die Verbindung zu deinem eigenen Bauchgefühl und dem, was sich für dich stimmig anfühlt, also vertrau ganz darauf, was im jeweiligen Moment sinnvoll erscheint. Das kann je nach Stimmung, Tageszeit oder Umgebung natürlich schwanken.

Du legst die Karten am besten wie in der Grafik angeordnet von links nach rechts und denkst an deine Situation und die Fragen, die du hast – entweder bevor du anfängst, zu mischen, oder währenddessen.

JAHRESKARTEN-SILVESTERSPREAD

1. Meine Karte für das neue Jahr. (Diese Karte wird zum Motto deines neuen Jahres. Du kannst sie als Anker sehen und dich jederzeit damit beschäftigen, wenn du in den kommenden zwölf Monaten vor Entscheidungen stehst oder nicht so recht weißt, worum es eigentlich gerade geht.)
2. Was kann mir helfen? (Diese Karte gibt dir eine Handlungsanweisung und zeigt dir, was im neuen Jahr vielleicht zu tun ist.)

»VERGANGENHEIT UND ZUKUNFT«-SILVESTERSPREAD

1. Worum ging es im letzten Jahr? (Dieser Rückblick wird dir helfen, alles Vergangene besser zu verstehen.)
2. Was ist wichtig für das kommende Jahr? (Eine Vorschau, um dir eine Richtung für alles Bevorstehende zu geben.)

»LOSLASSEN UND FESTHALTEN«-SILVESTERSPREAD

1. Was aus dem letzten Jahr sollte ich loslassen? (Diese Karte zeigt dir, womit du abschließen solltest, was du nicht mehr brauchst oder was dir nicht mehr dient.)
2. Was sollte ich festhalten und unbedingt mit ins neue Jahr nehmen? (Sollte hier eine Karte erscheinen, die eher negativ zu verstehen ist, dreh das Ganze doch mal um und frag dich, was aus dem Negativen dir vielleicht sogar helfen könnte. Beispiel: Du ziehst die Neun der Schwerter, wo es eigentlich darum geht, endlich weniger zu denken und aus deinem Kopf rauszukommen. Dann kann die Botschaft sein, dass du das nun endlich im neuen Jahr tun solltest. Vielleicht ist genau das aber schon lange deine Stärke und du bekommst hier nochmal eine schöne Bestätigung, dass du genau so weitermachen kannst. Vergiss nicht: Im Tarot hat jede Karte eine »positive« und »negative« Seite, finde heraus, was sie für dich meint.)

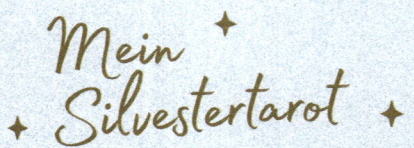

Name: ....

Je nachdem, welches Legesystem du verwendet hast, kannst du hier deine Ergebnisse eintragen. Vielleicht hast du mit Freunden oder Familie gelegt, dann kannst du auch einen Namen eintragen.

Frage zur ersten Karte: ....

Was sagt mir das?

....

....

....

Frage zur zweiten Karte: ....

Was sagt mir das?

....

....

....

Frage an die dritte Karte: ....
....

Was sagt mir das?

....

....

....

Welches ist mein Wort oder mein Motto für das neue Jahr?

....

....

Welches Versprechen gebe ich mir selbst, das ich in den nächsten Monaten auf jeden Fall halten möchte?

....

....

Was möchte ich im neuen Jahr verändern?

....

....

....

Hier ist Platz für meine Notizen:

....

....

....

....

Name: ....

Je nachdem, welches Legesystem du verwendet hast, kannst du hier deine Ergebnisse eintragen. Vielleicht hast du mit Freunden oder Familie gelegt, dann kannst du auch einen Namen eintragen.

Frage zur ersten Karte: ....

Was sagt mir das?

....

....

....

Frage zur zweiten Karte: ....

Was sagt mir das?

....

....

....

Frage an die dritte Karte: ....
....

Was sagt mir das?
....
....
....

Welches ist mein Wort oder mein Motto für das neue Jahr?
....
....

Welches Versprechen gebe ich mir selbst, das ich in den nächsten Monaten auf jeden Fall halten möchte?
....
....

Was möchte ich im neuen Jahr verändern?
....
....
....

Hier ist Platz für meine Notizen:
....
....
....
....

Name: ....

Je nachdem, welches Legesystem du verwendet hast, kannst du hier deine Ergebnisse eintragen. Vielleicht hast du mit Freunden oder Familie gelegt, dann kannst du auch einen Namen eintragen.

Frage zur ersten Karte: ....

Was sagt mir das?

....
....
....

Frage zur zweiten Karte: ....

Was sagt mir das?

....
....
....

Frage an die dritte Karte: ....
....

Was sagt mir das?
....
....
....

Welches ist mein Wort oder mein Motto für das neue Jahr?
....
....

Welches Versprechen gebe ich mir selbst, das ich in den nächsten Monaten auf jeden Fall halten möchte?
....
....

Was möchte ich im neuen Jahr verändern?
....
....
....

Hier ist Platz für meine Notizen:
....
....
....
....

Name: ....

Je nachdem, welches Legesystem du verwendet hast, kannst du hier deine Ergebnisse eintragen. Vielleicht hast du mit Freunden oder Familie gelegt, dann kannst du auch einen Namen eintragen.

Frage zur ersten Karte: ....

Was sagt mir das?

....

....

....

Frage zur zweiten Karte: ....

Was sagt mir das?

....

....

....

Frage an die dritte Karte: ....
....

Was sagt mir das?

....
....
....

Welches ist mein Wort oder mein Motto für das neue Jahr?

....
....

Welches Versprechen gebe ich mir selbst, das ich in den nächsten Monaten auf jeden Fall halten möchte?

....
....

Was möchte ich im neuen Jahr verändern?

....
....
....

Hier ist Platz für meine Notizen:

....
....
....
....

Name: ....

Je nachdem, welches Legesystem du verwendet hast, kannst du hier deine Ergebnisse eintragen. Vielleicht hast du mit Freunden oder Familie gelegt, dann kannst du auch einen Namen eintragen.

Frage zur ersten Karte: ....

Was sagt mir das?

....
....
....

Frage zur zweiten Karte: ....

Was sagt mir das?

....
....
....

Frage an die dritte Karte: ....
....

Was sagt mir das?

....

....

....

Welches ist mein Wort oder mein Motto für das neue Jahr?

....

....

Welches Versprechen gebe ich mir selbst, das ich in den nächsten Monaten auf jeden Fall halten möchte?

....

....

Was möchte ich im neuen Jahr verändern?

....

....

....

Hier ist Platz für meine Notizen:

....

....

....

....

Name: ....

Je nachdem, welches Legesystem du verwendet hast, kannst du hier deine Ergebnisse eintragen. Vielleicht hast du mit Freunden oder Familie gelegt, dann kannst du auch einen Namen eintragen.

Frage zur ersten Karte: ....

Was sagt mir das?

....

....

Frage zur zweiten Karte: ....

Was sagt mir das?

....

....

Frage an die dritte Karte: ……………………………………………………………………
……………………………………………………………………………………………………

Was sagt mir das?
……………………………………………………………………………………………………
……………………………………………………………………………………………………
……………………………………………………………………………………………………

Welches ist mein Wort oder mein Motto für das neue Jahr?
……………………………………………………………………………………………………
……………………………………………………………………………………………………

Welches Versprechen gebe ich mir selbst, das ich in den nächsten Monaten auf jeden Fall halten möchte?
……………………………………………………………………………………………………
……………………………………………………………………………………………………

Was möchte ich im neuen Jahr verändern?
……………………………………………………………………………………………………
……………………………………………………………………………………………………
……………………………………………………………………………………………………

Hier ist Platz für meine Notizen:
……………………………………………………………………………………………………
……………………………………………………………………………………………………
……………………………………………………………………………………………………
……………………………………………………………………………………………………

Name: ....

Je nachdem, welches Legesystem du verwendet hast, kannst du hier deine Ergebnisse eintragen. Vielleicht hast du mit Freunden oder Familie gelegt, dann kannst du auch einen Namen eintragen.

Frage zur ersten Karte: ....

Was sagt mir das?

....

....

....

Frage zur zweiten Karte: ....

Was sagt mir das?

....

....

....

Frage an die dritte Karte: ....
....

Was sagt mir das?

....
....
....

Welches ist mein Wort oder mein Motto für das neue Jahr?

....
....

Welches Versprechen gebe ich mir selbst, das ich in den nächsten Monaten auf jeden Fall halten möchte?

....
....

Was möchte ich im neuen Jahr verändern?

....
....
....

Hier ist Platz für meine Notizen:

....
....
....
....

Name: ....

Je nachdem, welches Legesystem du verwendet hast, kannst du hier deine Ergebnisse eintragen. Vielleicht hast du mit Freunden oder Familie gelegt, dann kannst du auch einen Namen eintragen.

Frage zur ersten Karte: ....

Was sagt mir das?

....

....

Frage zur zweiten Karte: ....

Was sagt mir das?

....

....

Frage an die dritte Karte: ....
....

Was sagt mir das?

....

....

....

Welches ist mein Wort oder mein Motto für das neue Jahr?

....

....

Welches Versprechen gebe ich mir selbst, das ich in den nächsten Monaten auf jeden Fall halten möchte?

....

....

Was möchte ich im neuen Jahr verändern?

....

....

....

Hier ist Platz für meine Notizen:

....

....

....

....

Name: ....

Je nachdem, welches Legesystem du verwendet hast, kannst du hier deine Ergebnisse eintragen. Vielleicht hast du mit Freunden oder Familie gelegt, dann kannst du auch einen Namen eintragen.

Frage zur ersten Karte: ....

Was sagt mir das?

....

....

....

Frage zur zweiten Karte: ....

Was sagt mir das?

....

....

....

Frage an die dritte Karte: ....
....

Was sagt mir das?

....

....

....

Welches ist mein Wort oder mein Motto für das neue Jahr?

....

....

Welches Versprechen gebe ich mir selbst, das ich in den nächsten Monaten auf jeden Fall halten möchte?

....

....

Was möchte ich im neuen Jahr verändern?

....

....

....

Hier ist Platz für meine Notizen:

....

....

....

....

Name: ....

Je nachdem, welches Legesystem du verwendet hast, kannst du hier deine Ergebnisse eintragen. Vielleicht hast du mit Freunden oder Familie gelegt, dann kannst du auch einen Namen eintragen.

Frage zur ersten Karte: ....

Was sagt mir das?

....

....

....

Frage zur zweiten Karte: ....

Was sagt mir das?

....

....

....

Frage an die dritte Karte: ....
....

Was sagt mir das?
....
....
....

Welches ist mein Wort oder mein Motto für das neue Jahr?
....
....

Welches Versprechen gebe ich mir selbst, das ich in den nächsten Monaten auf jeden Fall halten möchte?
....
....

Was möchte ich im neuen Jahr verändern?
....
....
....

Hier ist Platz für meine Notizen:
....
....
....
....

RAUHNÄCHTE

WAS SIND RAUHNÄCHTE UND WARUM SIND SIE BESONDERS?

Die Rauhnächte sind eine traditionelle Zeit zwischen Weihnachten und dem christlichen Feiertag der Heiligen Drei Könige, die in vielen Kulturen und Bräuchen eine besondere Bedeutung hat. Der genaue Zeitraum der Rauhnächte kann von Region zu Region variieren, aber es handelt sich in der Regel um die dreizehn Nächte vom 24./25. Dezember bis zum 5./6. Januar.

Die Bezeichnung »Rauhnächte« leitet sich vermutlich von dem Begriff »Rauh« ab, der »grob«, »wild« oder auch »rau« bedeutet. Diese Nächte wurden als besonders mysteriös und heilig angesehen, da sie als eine Art Übergangszeit zwischen dem alten und dem neuen Jahr betrachtet wurden. Vielleicht spürst du ja auch schon lange ganz intuitiv, dass die Zeit »zwischen den Jahren« irgendwie besonders ist? Für mich fühlt es sich oft so an, als würde alles stillstehen. Das Alte ist noch da, aber nicht mehr so richtig aktuell. Mit dem Kopf bin ich um Weihnachten herum oft schon ganz woanders (besonders wenn der Trubel vorüber ist und ich dann endlich mit leckerem Essen neben dem schön geschmückten Baum sitze). Ich merke also vor dem Jahreswechsel schon immer den langsamen Abnabelungsprozess vom vergangenen Jahr. Das neue steht zwar schon vor der Tür, aber wir sind noch nicht bereit, sie zu öffnen. Eine wahnsinnig spannende Zeit, wie ich finde, im wahrsten Sinne des Wortes. Früher wurde geglaubt (und heutzutage erlebt dieser Glaube eine regelrechte Wiedergeburt), dass in den Rauhnächten eine besondere Magie in der Luft liegt und die Grenze zwischen unserer greifbaren und der spirituellen Welt verschwimmt. Es lohnt sich also, dir einmal bewusst zu machen, wie du die Zeit zwischen Ende Dezember und Anfang Januar normalerweise wahrnimmst und bisher wahrgenommen hast, auch und gerade, wenn du mit der Bedeutung der Rauhnächte noch so gar nichts anfangen kannst. Vielleicht spürst ja auch du, dass diese besondere Phase »zwischen den Welten« dich schon immer ganz besonders fasziniert oder sich einfach anders als der Rest des Jahres angefühlt hat. In verschiedenen Kulturen und Traditionen wurden während der Rauhnächte unterschiedliche Rituale und Bräuche praktiziert. Ein häufiges Ritual ist das Räuchern von Häusern, um negative Energien zu vertreiben und Platz für positive Einflüsse zu schaffen. Dafür werden oft spezielle Kräuter, Harze oder Hölzer verbrannt. Das Räuchern soll nicht nur das Haus reinigen, sondern auch die Bewohner vor Krankheiten und Pech in allen möglichen Formen schützen.

Leg dir doch also gerne schon Räucherstäbchen (Salbei beispielsweise eignet sich besonders gut), ätherische Öle (Lavendel, Palo Santo, Sandel- oder Zedernholz), Kerzen, Gewürze (Nelken, Zimt oder auch Sternanis) oder Blüten (Rosen, Jasmin oder Lavendel) bereit. Diese Dinge können dir neben deinen Tarotkarten und diesem Journal eine Erfahrung mit all deinen Sinnen ermöglichen und diese Zeit noch intensiver und schöner machen. Mach dich aber bitte nicht verrückt, wenn du nicht genau das beisammen hast, was ich dir hier als Empfehlungen gebe. Im Zweifelsfall tut es wirklich auch das Anzünden eines kleinen Teelichts, das du noch so herumstehen hast, oder das Verbrennen eines Wunsches an jedem Abend auf irgendeinem Notizzettel. Es geht beim Zelebrieren der Rauhnächte darum, dass du dich wohlfühlst, eine Verbindung zu dir selbst aufnimmst und intuitiv entscheidest, was dir guttut. Noch schnell alle möglichen Läden abzuklappern oder eine genaue Anleitung befolgen zu müssen, führt höchstens dazu, dass das Ende des alten und der Beginn des neuen Jahres noch stressiger werden als sowieso schon, und das möchte ich auf keinen Fall für dich. Entspann dich also, überlege dir, ob und wie du gerne räuchern möchtest und finde Rituale, die in diesem Jahr gut zu dir und deinen Lebensumständen passen.

Ein weiterer Brauch, der während der Rauhnächte ausgeführt wird, ist das Orakeln und Weissagen, und hier kommen natürlich dieses Journal und die von mir so heiß geliebten Tarotkarten ins Spiel. Menschen nutzen die besondere Energie dieser Nächte überall auf der Welt, vor allem aber in Europa, um

Einblicke in die Zukunft zu erhalten oder Entscheidungen zu treffen. Dabei helfen die Karten selbstverständlich sehr. Ich bin nicht die größte Freundin davon, die Tarotkarten als Instrument zu benutzen, das die Zukunft definitiv und eins zu eins vorhersagt, aber finde es auf alle Fälle spannend und sehr hilfreich, mit Leichtigkeit und einer nicht so verkrampften Einstellung auch Fragen über die Zukunft und das nächste Jahr zu stellen.

Einer der interessantesten Aspekte der Rauhnächte ist definitiv der Glaube, dass das, was in dieser Zeit gesehen, gefühlt, gedacht und erfahren wird, einen großen Einfluss auf das kommende Jahr haben kann. Das ist der Grund, warum traditionell jede Nacht zwischen dem 24. Dezember und 6. Januar mit je einem Monat des nächsten Jahres verbunden ist. Die dreizehnte Nacht bezieht sich dann auf das gesamte kommende Jahr. Achte deswegen auch gerne ganz besonders auf deine Träume in dieser Zeit, sie können dir noch deutlicher Aufschluss darüber geben, was dich unterbewusst beschäftigt und somit eventuell auch im nächsten Jahr in gewisser Form auf Trab hält. Ziehe deine Karten gerne auch direkt vor oder nach dem Aufstehen, denn man sagt, in dieser relativ ruhigen, entspannten Phase sind wir am stärksten mit dem Unterbewussten verbunden.

Die Rauhnächte sind seit jeher eine Zeit der persönlichen Reflexion und des Rückblicks auf das vergangene Jahr. Nicht wenige Menschen nutzen diese Zeit, um über ihre Erfahrungen, Erfolge und Herausforderungen nachzudenken. Das machen viele von uns ja tendenziell sowieso schon sehr verstärkt um den Jahreswechsel und Silvester herum, die Rauhnächte machen daraus allerdings eine Art »extended Version«. Diese Zeit bietet uns Gelegenheit, uns bewusst von alten Mustern und Belastungen zu befreien und Platz für neue Möglichkeiten und Ziele zu schaffen. Ich würde also sagen, dass die Rauhnächte wirklich prädestiniert und perfekt dafür sind, die dunkelste Zeit des Jahres mit Fühlen, Schreiben, Denken, Planen, Träumen und Wünschen zu verbringen.

»Das Licht im Inneren scheint am hellsten, wenn die Nächte dunkel sind«, könnte man sagen. Deswegen hat sicherlich auch das Feuer und das Verbrennen der eigenen Wünsche in jeder Rauhnacht eine so hohe Bedeutung. Wenn du also zusätzlich zum Kartenlegen und Journaln deine Erkenntnisse oder Wünsche auf Papier festhalten und anschließend zum Feuer geben möchtest, ist das genau die richtige Zeit. Ich habe letztes Jahr um diese Zeit herum jeden Abend vor dem Schlafengehen einen Wunsch verbrannt, der sich aus den Erkenntnissen meiner Rauhnachtskarten ergeben hat, und siehe da, ein paar davon sind dieses Jahr sogar tatsächlich in Erfüllung gegangen.

Manche Menschen nutzen die Rauhnächte auch für spirituelle Praktiken wie Meditation, Gebete oder Yoga, um sich auf das kommende Jahr vorzubereiten und sich innerlich zu stärken. Auch das kannst du sehr gerne in deine Routinen mit einbauen, wenn du magst. Und vielleicht fällt dir sogar eine Yogapraxis ein, die sich mit genau den Bereichen der jeweiligen Nacht beschäftigt? Oder du entdeckst Playlists, die exakt zum Thema der jeweiligen Nacht passen? Diese Zeit ist so schön, um in dich hineinzuhören und dich ganz bewusst dem zu widmen, was dir guttut, zu hinterfragen, warum es dir guttut und all diese Erkenntnisse mit in das neue Jahr zu nehmen. Ich hoffe, du genießt das dieses Jahr ganz besonders. Es ist mir eine Ehre, dass ich dich durch diese magische Zeit begleiten darf.

Es ist mir abschließend noch wichtig, anzumerken, dass die Bedeutung und die Bräuche der Rauhnächte je nach kulturellem Hintergrund und individuellen Überzeugungen variieren können. Es gibt keine allgemein gültige Definition oder Praxis, sondern eine Vielfalt an Traditionen und Interpretationen. Manche Menschen nehmen die Rauhnächte sehr ernst und halten strikt an alten Bräuchen fest, während andere diese Zeit einfach als eine besondere Phase des Jahres betrachten, um zur Ruhe zu kommen und sich auf das kommende Jahr einzustimmen. Höre gut auf dich und dein Bauchgefühl und dann wird die bevorstehende Zeit hoffentlich eine der schönsten dieses Jahres. Ganz viel Spaß dabei!

RITUALE UND FRAGESTELLUNGEN FÜR DIE RAUHNÄCHTE

Weil die Rauhnächte eine so besondere und wirklich einmalige Zeit in jedem Jahr sind, habe ich mir überlegt, dass ich dir unbedingt einige Rituale, die ich speziell auf die jeweilige Rauhnacht zugeschnitten und alle auch so schon selbst begangen habe, zur Verfügung stellen möchte.

DIE ERSTE RAUHNACHT

THEMA: WURZELN

Hier geht es um deine ganz persönlichen Wurzeln, beispielsweise deine Eltern, deinen Heimatort, die Musik, die du zum Einschlafen immer so gern gehört hast, dein Haustier aus Kindertagen oder deine erste beste Freundin. Es geht um die Menschen und Dinge, die dich an Heimat, Zuhause, an ein Nest erinnern. Deswegen kannst du beispielsweise eine Meditation machen, eine Art Traumreise, die dich an diese Menschen, Orte, Gerüche, Geräusche und Geschmäcker zurückbringt. Auf YouTube findest du oft ganz wunderbare Videos oder Musikstücke dazu. Außerdem kannst du eine Kerze für deine Familie anzünden. Vielleicht gibt es auch Familienmitglieder, die verstorben sind, aber die dich sehr geprägt haben? Zünde doch für sie ein Licht an, gedenke ihnen und dem, wie sie dein Leben bereichert haben. Perfekt für die erste Rauhnacht und das Wurzel-Thema. Du kannst »Wurzel« aber auch ganz wörtlich nehmen und einen ausgedehnten Spaziergang unternehmen, Äste, Hölzer und Wurzeln sammeln und zu Hause schön dekorieren. Das bringt dich in Verbindung mit etwas Greifbarem und macht es einfacher, zu verstehen, wie viel Sicherheit und Geborgenheit diese Wurzeln geben können.

DIE ZWEITE RAUHNACHT

THEMA: INNERE FÜHRUNG

In dieser Nacht ist deine Intuition gefragt, deswegen ist alles super, was genau diese stärkt. Wie wäre es beispielsweise mit einer Achtsamkeitsübung, für die du dich einfach in die Mitte des Raumes setzt und beobachtest, was du siehst? Dieser Fokus auf den jetzigen Moment kann dir enorm dabei helfen, deine innere Stimme lauter werden zu lassen und zu erkennen, worum es gerade wirklich geht. Das kannst du zum Beispiel auch beim Essen versuchen, indem du dich vor den Kühlschrank stellst und dich fragst: »Was möchte ich gerade wirklich essen? Was benötigt mein Körper gerade wirklich? Worauf habe ich gerade wirklich Lust?« Wichtig dabei: auch genau hinzuhören, wann du satt bist, oder ob du plötzlich doch etwas anderes möchtest. Gib dem rigoros nach, wenn auch nur für einen Tag, und entdecke dich und deine Bedürfnisse dabei noch einmal ganz neu. Du wirst sehen, diese kleinen Beispiele werden dir auch dabei helfen, zukünftig große Entscheidungen zu treffen und überhaupt einen Zugang zu deiner Intuition zu haben.

DIE DRITTE RAUHNACHT

THEMA: HERZÖFFNUNG

Um dein Herz zu öffnen, braucht es etwas, das dich in Schwung bringt. Wie wäre es also mit lauter Musik und intuitiver Bewegung wie Tanzen? Beweg dich doch einmal ganz so, wie es sich für dich richtig anfühlt. Pack dir dein Lieblingslied auf die Ohren, schließ deine Augen, träum dich hin, wo auch immer du gerne wärst, und genieße diesen Moment nur für dich. Ich habe das einmal zum Song »Shake It Out« von Florence + the Machine gemacht und dabei ist so viel mehr passiert als einfach nur Tanz. Ich hab gelacht, ich hab geweint, ich hab mich wohlgefühlt, unsicher gefühlt, wild gefühlt. Danach war das Herz offen und die Zweifel verschwunden. Probier das doch auch mal.

DIE VIERTE RAUHNACHT

THEMA: AUFLÖSUNG

Heute geht es um einen radikalen Schnitt. Etwas soll wegfallen: Dinge, die nicht mehr zu dir gehören. Ein schönes Ritual wäre zum einen das Stampfen. Das klingt jetzt eventuell lustig für dich und wie etwas, das du auf keinen Fall machen würdest. I get it, mich treffen regelmäßig skeptische Blicke von meinen Klient*innen, wenn ich ihnen das empfehle. Aber dreh die Musik ruhig auf und stampfe alles raus, was dich so richtig ankotzt. Wirkt Wunder, verspreche ich dir. Diejenigen, die in Mietwohnungen leben, können den Sound natürlich über Kopfhörer so richtig aufdrehen. Ansonsten wäre eine schöne, etwas ruhigere Alternative, alle negativen, nervigen, kraftraubenden Dinge auf einen Zettel zu schreiben, diesen dann zu verbrennen, und Achtung, dann bitte einen neuen Zettel mit positiven Gegenstücken zu füllen. Den kannst du aufbewahren und dich immer daran erinnern, was es Gutes mit sich bringt, wenn diese negativen Sachen endlich wegfallen.

DIE FÜNFTE RAUHNACHT

THEMA: FREUNDSCHAFT

An diesem Tag und in dieser Nacht kannst du dich bitte einmal richtig selbst verwöhnen und deine Liebsten am besten gleich mit. Ein schönes Ritual kann sein, gemeinsam zu kochen, einen Spieleabend zu organisieren oder einfach mal wieder bei einem Glas Wein beisammenzusitzen. Wenn die wichtigsten Menschen gerade nicht in der Nähe und verfügbar sind, dann zünde ihnen zuliebe doch eine Kerze an, stöbere in Fotos aus euren besten Zeiten oder wickle dich in die Decke ein, die dir deine beste Freundin damals geschenkt hat. Was immer dir dabei hilft, dich mit dir selbst und deinen Freund*innen verbunden zu fühlen, ist heute perfekt.

DIE SECHSTE RAUHNACHT

THEMA: REINIGUNG

Hier geht es darum, dich und auch dein Umfeld, also dein Zuhause, deinen Arbeitsplatz oder auch Gegenstände, die dich oft umgeben, zu reinigen und somit von sämtlichem Ballast oder Altlasten zu befreien. Wie wäre es also mit einer achtsamen, ganz bewussten Dusche oder einem langen Bad, bei dem du nicht nur den Körper, sondern auch deinen Geist reinigst (stell dir einfach vor, wie das Wasser auch blöde Gedanken oder alte, unschöne Erfahrungen wegwischt)? Für dein Heim kannst du ätherische Öle, Räucherstäbchen oder auch dein Lieblingsraumspray verwenden. Vielleicht hast du aber auch Lust darauf, mal eine Grundreinigung vorzunehmen und überall zu wischen und auszumisten. Befrei dich!

DIE SIEBTE RAUHNACHT

THEMA: NEUBEGINN

Heute ist der perfekte Tag, um ein Vision Board zu erstellen. Die siebte Rauhnacht markiert das Ende des vergangenen Jahres, Silvester. Warum also nicht Bilder und Fotos sammeln, schöne Sprüche aus Magazinen ausschneiden und deine größten Träume festhalten? Wenn du zur Jahreswende sowieso mit Freunden oder Familie feierst, könntet ihr das sogar zusammen machen. Aber auch Bleigießen, das Tragen oder Verschenken von Glücksbringern, der Kuss zu Mitternacht und natürlich das Feuerwerk sind an diesem Tag perfekt für das Manifestieren und bewusste Erleben dieses Neubeginns.

DIE ACHTE RAUHNACHT

THEMA: GEBURT

Ich habe der achten Rauhnacht, also Neujahr, die Tarotkarte »Die Sonne« zugeordnet, und genau die solltest du heute suchen. Geh raus, lauf im Licht des neuen Jahres herum, atme die frische Luft ein und freue dich über die Geburt eines neuen Kalenderjahres, das hoffentlich zu deinem Jahr werden wird. Außerdem kann es einen positiven Einfluss haben, wenn du sonnige, freundliche Grüße an deine Liebsten verteilst. Diese Liebe wird immer zu dir zurückkommen, und genau darum geht es heute. Finde Licht, verteile Licht, sei Licht.

DIE NEUNTE RAUHNACHT

THEMA: LICHT UND SEGEN

An diesem Tag und dieser Nacht geht es um Heilung. Alles, was einmal schwer war, darf jetzt leichter werden; dort, wo offene Wunden waren, darf jetzt etwas zusammenwachsen. Spür also heute ganz besonders einmal in deinen Körper hinein. Lass dir vielleicht eine Massage geben oder massiere verspannte Stellen selbst. Dein Körper ist so viel mehr als nur ein Werkzeug, um dich durch die Welt zu bewegen. Deshalb nimm ihn wahr und frag dich vielleicht: »Woher kommt dieser Schmerz, diese Verspannung, diese Blockade wirklich?«

DIE ZEHNTE RAUHNACHT

THEMA: VISION

Was willst du dieses Jahr eigentlich wirklich erreichen? Diese Frage darf heute gerne zum Mittelpunkt deines Rituals werden. Schreib dir doch einmal auf, worum es dir im Großen und Ganzen geht, was dich erfüllt und welche Dinge und Menschen dich glücklich machen, was du noch brauchst und erreichen möchtest. Wenn du das gemacht hast, hast du deine Vision für die kommenden zwölf Monate vermutlich schon ziemlich genau vor Augen. Als nächstes kannst du Affirmationen aufschreiben Und an einem schönen Ort in deinem Zuhause platzieren. Kleines Beispiel: Deine Vision ist ein Reiterhof in der Antarktis? Dann wäre doch eine schöne Affirmation dazu: »Es gibt nichts Schöneres, als in der Kälte zu reiten.«

DIE ELFTE RAUHNACHT

THEMA: ABSCHIED, TOD

Ganz offensichtlich kann heute eine schöne Gelegenheit sein, deine liebsten, verstorbenen Menschen auf dem Friedhof oder zumindest in Gedanken zu besuchen. Nichts verdeutlicht das Loslassen und Sterben so deutlich wie der Verlust der Personen, die wir tief in unseren Herzen tragen. Aber nicht immer geht es beim Tod um den physischen Tod. Manchmal betrifft es auch einfach Situationen oder Menschen, denen wir entwachsen sind und die wir loslassen müssen. Schreib doch deshalb heute einen Abschiedsbrief, an wen oder was auch immer, und versuche, einen Schlussstrich zu setzen. Selbst, wenn der Brief niemals abgeschickt wird, ist er vielleicht hilfreich, um dir vor Augen zu führen, was vorbei ist oder vorbei sein sollte.

DIE ZWÖLFTE RAUHNACHT

THEMA: WUNDER

Weißt du, was ich mir heute für dich wünschen würde? Wirklich ganz doll wünschen würde? Dass du einfach mal so richtig Spaß hast. Und dann, wenn du den ganzen Tag getan und gelassen hast, was du wolltest, dann merk dir das. Mach Bilder von deinen Wundern, schreib auf, was dich erfüllt, und versprich dir selbst, immer wieder zu diesen Orten, Gefühlen und Menschen zurückzukehren. Das ist alles. Sei du selbst und folge dem, was dich richtig glücklich macht.

DIE DREIZEHNTE NACHT

THEMA: ICH

Der letzte Tag, beziehungsweise die letzte Nacht ruft nach einem feierlichen Abschluss. Wie wäre es also, wenn du noch einmal zurück an den Anfang kehrst? Es ging um die Wurzel in deinem Leben, erinnerst du dich? Heute darf es um deine Flügel gehen, die daraus und aus den letzten zwölf Tagen und Nächten gewachsen sind. Schau also gerne zurück auf die zwölf vergangenen Nächte, die Tarotkarten, die du gezogen hast, und die Gedanken, die du im Journal festgehalten hast. Mach vielleicht eine Meditation deiner Wahl, kehre in dich, werde ganz ruhig, zünde eine Kerze an und bedanke dich bei dir selbst für die schönen Erfahrungen und Erkenntnisse, die du in der vergangenen Rauhnachtsphase erleben und gewinnen durftest. Auf ein schönes, gesundes, liebevolles und richtig geiles Jahr! Ich wünsche dir alles Liebe.

LEGESYSTEM FÜR DIE RAUHNÄCHTE

Du kannst für die Rauhnächte natürlich so viele Karten legen wie du möchtest, aber das System, das ich mir für dich und diese besondere Zeit überlegt habe, ist denkbar einfach: eine Karte für jeden Tag. Du mischst deine Karten gut durch und denkst davor, währenddessen oder auch danach an deine Situation oder deine Frage. Anschließend breitest du die Karten entweder vor dir aus und ziehst eine, oder du ziehst während des Mischens eine (warte auf den »Pull«, du wirst spüren, wann du fertig bist mit Mischen) oder du lässt eine Karte heraus- beziehungsweise herunterfallen. Diese eine Karte ist deine Karte für die jeweilige Rauhnacht mit dem dazugehörigen Monat (all diese Informationen findest du auch im Journalteil).

Am besten ist es also, wenn du dich vor deiner Legung ein bisschen mit dem Thema der Rauhnacht beschäftigst, herausfindet, was es für dich persönlich bedeutet und daraufhin ein Bild in deinem Kopf hast, zu dem du dir von den Karten einen Impuls wünschst oder sogar eine Frage formulierst, die dir die Tarotkarte dann beantworten soll.

Wenn es etwas mehr sein soll, schau doch gerne in meinem Buch *Tarotkarten für Anfänger* nach den dort enthaltenen Legesystemen oder orientiere dich an den Zweier- und Dreierlegesystemen für Silvester aus diesem Journal. Aus Erfahrung weiß ich, dass es gar nicht so schlecht ist, in den Rauhnächten nur eine Karte zu ziehen, weil das mehr Fokus und Klarheit bringt, aber natürlich darfst und sollst du auch in diesem Fall immer so entscheiden, wie es sich für dich stimmig anfühlt.

JOURNAL

Die erste Rauhnacht

Wann: Vom 24. auf den 25. Dezember
Monat: **Januar**
Tierkreiszeichen: **Steinbock**
Thema: **Wurzeln**
Tarotverbindung: **Der Eremit – Rückzug, Innenschau, Abgeschiedenheit**

Meine gezogene Karte:

Was könnte mir die Karte, die ich gezogen habe, sagen?

....
....
....
....
....

Was wünsche ich mir deshalb für den Januar?

....
....
....

Worauf möchte ich meinen Fokus legen? Was kann ich aktiv tun, um meine Wünsche wahr werden zu lassen?

....
....
....

Was steht im Januar an? Was möchte ich mir außerdem gerne für diese Zeit vornehmen?

....

....

Was verbinde ich mit meinen Wurzeln oder meiner Wurzel?

....

....

....

Was fühlt sich für mich persönlich leichter, freier, schöner, einfach stimmiger an?

■ Wurzel stärken   ■ Wurzel endlich abschneiden

Was möchte ich heute für mich tun, um Rückzug, Innenschau und Abgeschiedenheit zu stärken?

....

....

....

....

Hier ist Platz für meine Notizen:

....

....

....

....

Die zweite Rauhnacht

Wann: Vom 25. auf den 26. Dezember
Monat: Februar
Tierkreiszeichen: Wassermann
Thema: Innere Führung
Tarotverbindung: Die Hohepriesterin – Intuition, innere Weisheit, Unterbewusstsein
Meine gezogene Karte:

Was könnte mir die Karte, die ich gezogen habe, sagen?

....
....
....
....

Was wünsche ich mir deshalb für den Februar?

....
....
....

Worauf möchte ich meinen Fokus legen? Was kann ich aktiv tun, um meine Wünsche wahr werden zu lassen?

....
....
....

Was steht im Februar an? Was möchte ich mir außerdem gerne für diese Zeit vornehmen?

....

....

Wer oder was ist meine innere Führung? Wann spüre ich sie besonders stark?

....

....

....

Wie fühle ich mich gerade wirklich?

■ Geführt, stark und sicher   ■ Ziemlich lost, unsicher und ängstlich

Was möchte ich heute für mich tun, um Intuition, innere Weisheit, Unterbewusstsein zu stärken?

....

....

....

....

Hier ist Platz für meine Notizen:

....

....

....

....

Die dritte Rauhnacht

Wann: Vom 26. auf den 27. Dezember
Monat: März
Tierkreiszeichen: Fische
Thema: Herzöffnung
Tarotverbindung: Die Herrscherin – Weiblichkeit, Sinnlichkeit, Flow

Meine gezogene Karte:

Was könnte mir die Karte, die ich gezogen habe, sagen?

....
....
....
....
....

Was wünsche ich mir deshalb für den März?

....
....
....

Worauf möchte ich meinen Fokus legen? Was kann ich aktiv tun, um meine Wünsche wahr werden zu lassen?

....
....
....

Was steht im März an? Was möchte ich mir außerdem gerne für diese Zeit vornehmen?

....

....

Welche Situationen, Dinge und Menschen lassen mein Herz ganz weit werden?

....

....

....

Fühlt sich mein Herz gerade offen an? Bin ich empfänglich, vertrauensvoll und zuversichtlich?

■ Ja ■ Nein

Was möchte ich heute für mich tun, um Weiblichkeit, Sinnlichkeit, Flow zu stärken?

....

....

....

....

> Hier ist Platz für meine Notizen:
>
> ....
>
> ....
>
> ....
>
> ....

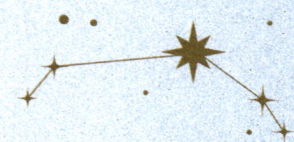

Wann: Vom 27. auf den 28. Dezember
Monat: April
Tierkreiszeichen: Widder
Thema: Auflösung
Tarotverbindung: Der Turm – Zerstörung, Krise, Veränderung

Meine gezogene Karte:

Was könnte mir die Karte, die ich gezogen habe, sagen?

....
....
....
....
....

Was wünsche ich mir deshalb für den April?

....
....
....

Worauf möchte ich meinen Fokus legen? Was kann ich aktiv tun, um meine Wünsche wahr werden zu lassen?

....
....
....

Was steht im April an? Was möchte ich mir außerdem gerne für diese Zeit vornehmen?

....

....

Vor welchen Entscheidungen und Veränderungen habe ich Angst? Gibt es etwas, das ich aufschiebe?

....

....

....

Was möchte ich heute für mich tun, um mit Zerstörung, Krise, Veränderung besser umgehen zu können?

....

....

....

....

Hier ist Platz für meine Notizen:

....

....

....

....

....

....

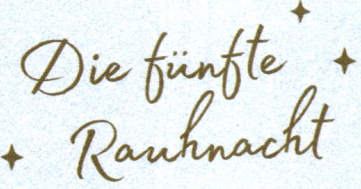
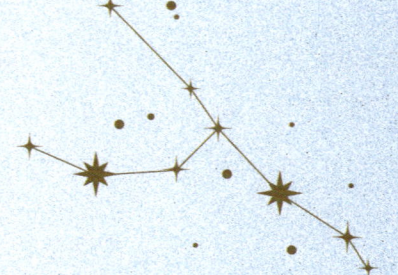

Die fünfte Rauhnacht

Wann: Vom 28. auf den 29. Dezember
Monat: Mai
Tierkreiszeichen: **Stier**
Thema: **Freundschaft**
Tarotverbindung: **Die Liebenden – Partnerschaft, Entscheidung, Dualität**

Meine gezogene Karte:

Was könnte mir die Karte, die ich gezogen habe, sagen?

....

....

....

....

....

Was wünsche ich mir deshalb für den Mai?

....

....

....

Worauf möchte ich meinen Fokus legen? Was kann ich aktiv tun, um meine Wünsche wahr werden zu lassen?

....

....

....

Was steht im Mai an? Was möchte ich mir außerdem gerne für diese Zeit vornehmen?

....

....

Mit wem fühle ich mich heute sehr verbunden?

....

....

....

Bin ich mir selbst eine gute Freundin/ein guter Freund?

■ Ja ■ Nein

Was möchte ich heute für mich tun, um Partnerschaft, Entscheidung, Dualität zu stärken?

....

....

....

....

Hier ist Platz für meine Notizen:

....

....

....

....

....

Die sechste Rauhnacht

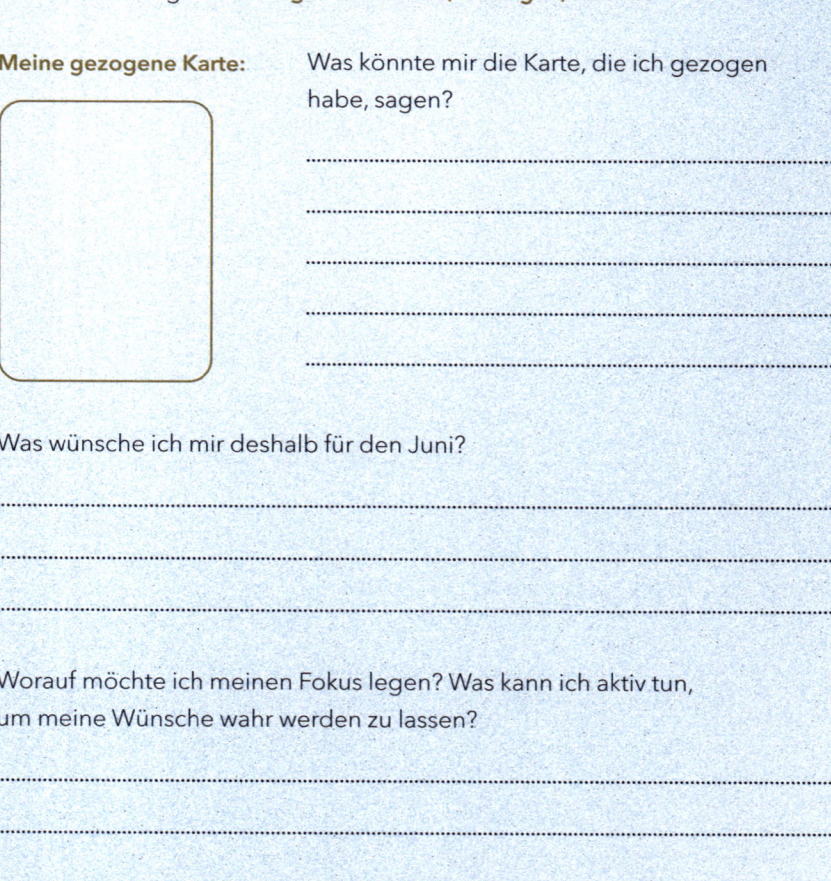

Wann: Vom 29. auf den 30. Dezember
Monat: Juni
Tierkreiszeichen: Zwillinge
Thema: Reinigung
Tarotverbindung: Die Mäßigkeit – Geduld, Abwägen, Balance

Meine gezogene Karte: Was könnte mir die Karte, die ich gezogen habe, sagen?

....

....

....

....

....

Was wünsche ich mir deshalb für den Juni?

....

....

....

Worauf möchte ich meinen Fokus legen? Was kann ich aktiv tun, um meine Wünsche wahr werden zu lassen?

....

....

....

Was steht im Juni an? Was möchte ich mir außerdem gerne für diese Zeit vornehmen?

....

....

Wovon möchte ich mich gern reinigen und frei machen?

....

....

....

In welchen Bereichen habe ich das Gefühl, zu verkrampft und verbissen zu sein? Wo würde mir etwas Abstand helfen?

....

....

....

Was möchte ich heute für mich tun, um Geduld, Abwägen, Balance zu stärken?

....

....

....

Hier ist Platz für meine Notizen:

....

....

....

Die siebte Rauhnacht

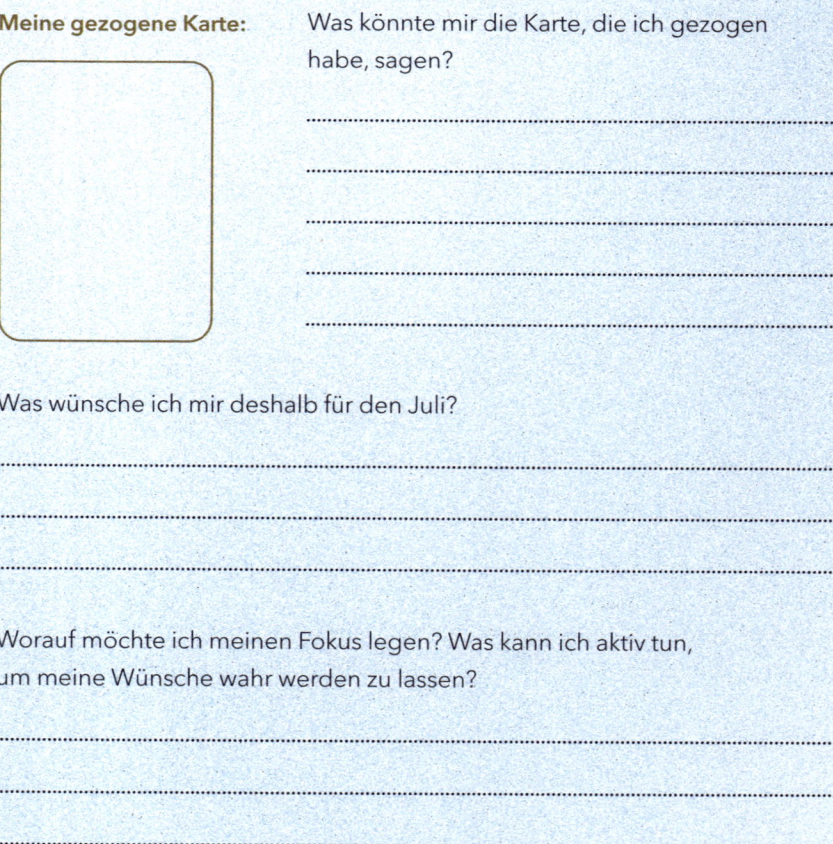

Wann: Vom 30. auf den 31. Dezember
Monat: **Juli**
Tierkreiszeichen: **Krebs**
Thema: **Neubeginn**
Tarotverbindung: **Der Narr – Neuanfang, Kindlichkeit, Leichtigkeit**

Meine gezogene Karte:

Was könnte mir die Karte, die ich gezogen habe, sagen?

....
....
....
....
....

Was wünsche ich mir deshalb für den Juli?

....
....
....

Worauf möchte ich meinen Fokus legen? Was kann ich aktiv tun, um meine Wünsche wahr werden zu lassen?

....
....
....
....

Was steht im Juli an? Was möchte ich mir außerdem gerne für diese Zeit vornehmen?

....

....

Was wollte ich schon immer machen und ausprobieren, habe mich aber bisher nicht getraut?

....

....

....

Was würde ich tun, wenn ich plötzlich keine Angst mehr hätte und ehrlich meinem Herzen folgen würde?

....

....

....

Was möchte ich heute für mich tun, um Neuanfang, Kindlichkeit, Leichtigkeit zu stärken?

....

....

....

Hier ist Platz für meine Notizen:

....

....

Die achte Rauhnacht

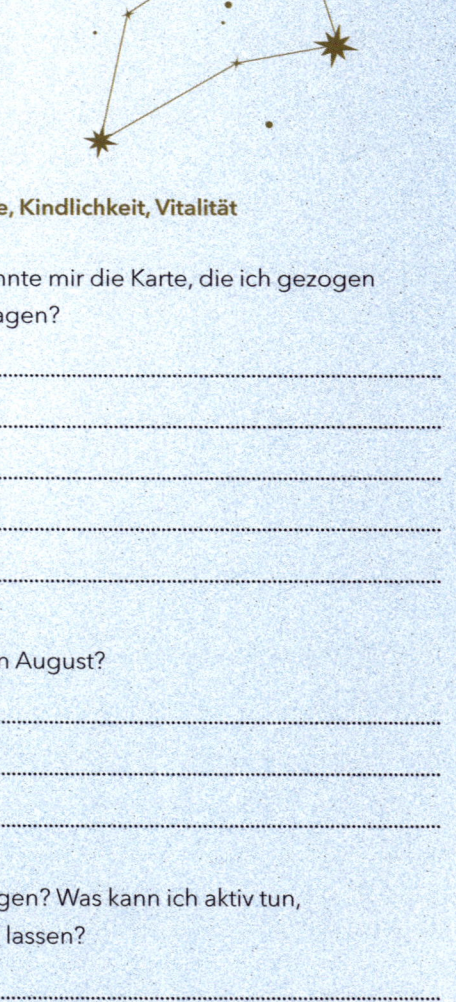

Wann: Vom 31. auf den 01. Januar
Monat: August
Tierkreiszeichen: Löwe
Thema: Geburt
Tarotverbindung: Die Sonne – Freude, Kindlichkeit, Vitalität

Meine gezogene Karte:

Was könnte mir die Karte, die ich gezogen habe, sagen?

....
....
....
....
....

Was wünsche ich mir deshalb für den August?

....
....
....

Worauf möchte ich meinen Fokus legen? Was kann ich aktiv tun, um meine Wünsche wahr werden zu lassen?

....
....
....

Was steht im August an? Was möchte ich mir außerdem gerne für diese Zeit vornehmen?

....
....
....

Was möchte ich „auf die Welt bringen?"

....
....
....

Was überwiegt heute?

■ Die Angst vor dem Geburtsschmerz ■ Die Vorfreude auf neues Leben?

Was möchte ich heute für mich tun, um Freude, Kindlichkeit, Vitalität zu stärken?

....
....
....
....

Hier ist Platz für meine Notizen:

....
....
....
....

Die neunte Rauhnacht

Wann: **Vom 01. auf den 02. Januar**
Monat: **September**
Tierkreiszeichen: **Jungfrau**
Thema: **Licht und Segen**
Tarotverbindung: **Der Stern – Licht am Ende des Tunnels, Heilung, Dankbarkeit**

Meine gezogene Karte:

Was könnte mir die Karte, die ich gezogen habe, sagen?

....
....
....
....

Was wünsche ich mir deshalb für den September?

....
....
....

Worauf möchte ich meinen Fokus legen? Was kann ich aktiv tun, um meine Wünsche wahr werden zu lassen?

....
....
....

Was steht im September an? Was möchte ich mir außerdem gerne für diese Zeit vornehmen?

....

....

Welche Anteile und Verletzungen in mir möchte ich heilen?

....

....

....

Was in meinem Leben spendet mir heute am meisten Licht, Zuversicht und Liebe?

....

....

....

Was möchte ich heute für mich tun, um Licht am Ende des Tunnels, Heilung, Dankbarkeit zu stärken?

....

....

....

Hier ist Platz für meine Notizen:

....

....

....

Die zehnte Rauhnacht

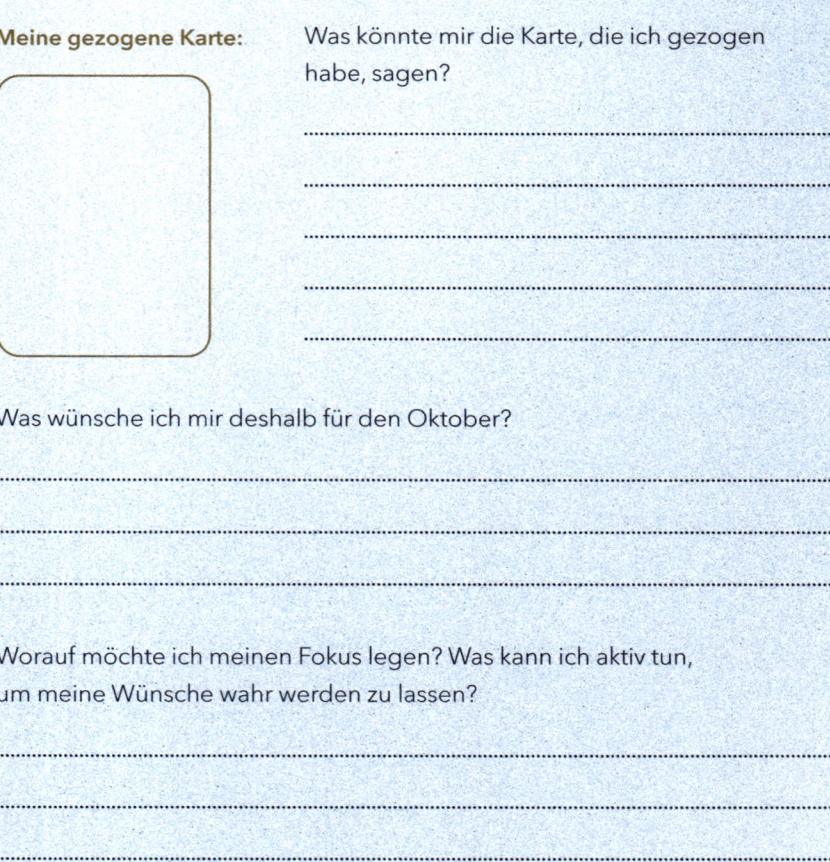

Wann: Vom 02. auf den 03. Januar
Monat: Oktober
Tierkreiszeichen: Waage
Thema: Vision
Tarotverbindung: Die Welt - Vollendung, Harmonie, Integration

Meine gezogene Karte:

Was könnte mir die Karte, die ich gezogen habe, sagen?

....
....
....
....
....

Was wünsche ich mir deshalb für den Oktober?

....
....
....

Worauf möchte ich meinen Fokus legen? Was kann ich aktiv tun, um meine Wünsche wahr werden zu lassen?

....
....
....

Was steht im Oktober an? Was möchte ich mir außerdem gerne für diese Zeit vornehmen?

....

....

Was soll am Ende meines Lebens „übrig" bleiben von mir? Was ist mir so wichtig, das mich überdauern soll?

....

....

....

Was möchte ich heute für mich tun, um Vollendung, Harmonie, Integration zu stärken?

....

....

....

....

Hier ist Platz für meine Notizen:

....

....

....

....

....

....

Die elfte Rauhnacht

Wann: Vom 03. auf den 04. Januar
Monat: November
Tierkreiszeichen: Skorpion
Thema: Abschied, Tod
Tarotverbindung: Der Tod – Loslassen, Ende, Abschied

Meine gezogene Karte:

Was könnte mir die Karte, die ich gezogen habe, sagen?

....
....
....
....

Was wünsche ich mir deshalb für den November?

....
....
....

Worauf möchte ich meinen Fokus legen? Was kann ich aktiv tun, um meine Wünsche wahr werden zu lassen?

....
....
....

Was steht im November an? Was möchte ich mir außerdem gerne für diese Zeit vornehmen?

....

....

Von wem oder wovon möchte ich mich heute verabschieden?

....

....

Warum?

....

....

Was möchte ich heute für mich tun, um Loslassen, Ende, Abschied zu stärken?

....

....

....

....

Hier ist Platz für meine Notizen:

....

....

....

....

Die zwölfte Rauhnacht

Wann: Vom 04. auf den 05. Januar
Monat: Dezember
Tierkreiszeichen: Schütze
Thema: Wunder
Tarotverbindung: Der Magier – Fülle, Macht, Kreation

Meine gezogene Karte:

Was könnte mir die Karte, die ich gezogen habe, sagen?

....

....

....

....

....

Was wünsche ich mir deshalb für den Dezember?

....

....

....

Worauf möchte ich meinen Fokus legen? Was kann ich aktiv tun, um meine Wünsche wahr werden zu lassen?

....

....

....

....

Was steht im Dezember an? Was möchte ich mir außerdem gerne für diese Zeit vornehmen?

....

....

Was ist heute mein allergrößter Wunsch?

....

....

....

Was sind meine Stärken? Worauf bin ich stolz?

....

....

....

Was möchte ich heute für mich tun, um Fülle, Macht, Kreation zu stärken?

....

....

....

....

Hier ist Platz für meine Notizen:

....

....

....

....

ÜBERSICHT KARTENBEDEUTUNG

✦ DER NARR ✦	12
✦ DER MAGIER ✦	13
✦ DIE HOHEPRIESTERIN ✦	13
✦ DIE HERRSCHERIN ✦	14
✦ DER HERRSCHER ✦	14
✦ DER HIEROPHANT ✦	15
✦ DIE LIEBENDEN ✦	15
✦ DER WAGEN ✦	16
✦ DIE KRAFT ✦	16
✦ DER EREMIT ✦	17
✦ DAS RAD DES SCHICKSALS ✦	17
✦ DIE GERECHTIGKEIT ✦	18
✦ DER GEHÄNGTE ✦	18
✦ DER TOD ✦	19
✦ DIE MÄSSIGKEIT ✦	19
✦ DER TEUFEL ✦	20
✦ DER TURM ✦	20
✦ DER STERN ✦	21
✦ DER MOND ✦	21
✦ DIE SONNE ✦	22
✦ DAS GERICHT ✦	22
✦ DIE WELT ✦	23
✦ ASS DER STÄBE ✦	24
✦ ZWEI DER STÄBE ✦	25
✦ DREI DER STÄBE ✦	25
✦ VIER DER STÄBE ✦	26
✦ FÜNF DER STÄBE ✦	26
✦ SECHS DER STÄBE ✦	27
✦ SIEBEN DER STÄBE ✦	27
✦ ACHT DER STÄBE ✦	28
✦ NEUN DER STÄBE ✦	28
✦ ZEHN DER STÄBE ✦	29
✦ PAGE DER STÄBE ✦	29
✦ RITTER DER STÄBE ✦	30
✦ KÖNIGIN DER STÄBE ✦	30
✦ KÖNIG DER STÄBE ✦	31
✦ ASS DER KELCHE ✦	31
✦ ZWEI DER KELCHE ✦	32
✦ DREI DER KELCHE ✦	32
✦ VIER DER KELCHE ✦	33
✦ FÜNF DER KELCHE ✦	33
✦ SECHS DER KELCHE ✦	34
✦ SIEBEN DER KELCHE ✦	34
✦ ACHT DER KELCHE ✦	35
✦ NEUN DER KELCHE ✦	35
✦ ZEHN DER KELCHE ✦	36
✦ PAGE DER KELCHE ✦	36
✦ RITTER DER KELCHE ✦	37
✦ KÖNIGIN DER KELCHE ✦	37
✦ KÖNIG DER KELCHE ✦	38
✦ ASS DER SCHWERTER ✦	38
✦ ZWEI DER SCHWERTER ✦	39
✦ DREI DER SCHWERTER ✦	39
✦ VIER DER SCHWERTER ✦	40
✦ FÜNF DER SCHWERTER ✦	40
✦ SECHS DER SCHWERTER ✦	41
✦ SIEBEN DER SCHWERTER ✦	41
✦ ACHT DER SCHWERTER ✦	42
✦ NEUN DER SCHWERTER ✦	42
✦ ZEHN DER SCHWERTER ✦	43
✦ PAGE DER SCHWERTER ✦	43
✦ RITTER DER SCHWERTER ✦	44
✦ KÖNIGIN DER SCHWERTER ✦	44
✦ KÖNIG DER SCHWERTER ✦	45
✦ ASS DER MÜNZEN ✦	45
✦ ZWEI DER MÜNZEN ✦	46
✦ DREI DER MÜNZEN ✦	46
✦ VIER DER MÜNZEN ✦	47
✦ FÜNF DER MÜNZEN ✦	47
✦ SECHS DER MÜNZEN ✦	48
✦ SIEBEN DER MÜNZEN ✦	48
✦ ACHT DER MÜNZEN ✦	49
✦ NEUN DER MÜNZEN ✦	49
✦ ZEHN DER MÜNZEN ✦	50
✦ PAGE DER MÜNZEN ✦	50
✦ RITTER DER MÜNZEN ✦	51
✦ KÖNIGIN DER MÜNZEN ✦	51
✦ KÖNIG DER MÜNZEN ✦	52

AUTORIN

Verena Klindert beschäftigt sich seit ihrer Kindheit mit Psychologie und Spiritualität. Ihre Liebe zum Tarot hat sie 2020 zum Beruf gemacht und begeistert seitdem tausende Menschen in Workshops, individuellen Online-Sessions, auf Instagram und Telegram mit ihrer Auslegung der verschiedenen Karten. Seit 2023 ist Verena auch im amerikanischen Raum tätig und präsentiert ihr Wissen und ihre Leidenschaft zusätzlich auf Englisch.

www.verenaklindert.de

Liebe*r Leser*in,
wir hoffen sehr, dir hat das Buch gefallen und würden uns freuen, wenn du eine Rezension bei deinem liebsten Online-Händler schreibst.
Hast du Fragen, Wünsche oder Anregungen?
Dann schreibe gerne an:
yuna@penguinrandomhouse.de.

Viele Grüße
YUNA

IMPRESSUM

1. Auflage
Originalausgabe
© 2023 YUNA Verlag in der Penguin Random House Verlagsgruppe GmbH,
Neumarkter Str. 28, 81673 München

Alle in diesem Buch veröffentlichten Aussagen und Ratschläge wurden von der Autorin und vom Verlag sorgfältig erwogen und geprüft. Eine Garantie kann jedoch nicht übernommen werden, ebenso ist die Haftung der Autorin bzw. des Verlags und seiner Beauftragten für Personen-, Sach- und Vermögensschäden ausgeschlossen.

Der Verlag behält sich die Verwertung der urheberrechtlich geschützten Inhalte dieses Werkes für Zwecke des Text- und Data-Minings nach § 44 b UrhG ausdrücklich vor. Jegliche unbefugte Nutzung ist hiermit ausgeschlossen.

Covergestaltung: Nadine Clemens, unter Verwendung eines Motivs von
AdobeStock: AITTHIPHONG, Shutterstock: Larisa Rusina
Bildnachweis: AdobeStock: Stockgiu
Kartenmotive: © Creative Market/Julia Dreams
Layout: Nadine Clemens
Satz: Jürgen Kiermeier, YUNA

Druck und Bindung: Alföldi Nyomda Zrt., Debrecen
Printed in Hungary

Penguin Random House Verlagsgruppe FSC® N001967

ISBN 978-3-517-30344-4